会社では教えてもらえない

ムダゼロ・ミスゼロの人の
伝え方のキホン

山口拓朗 Yamaguchi Takuro

すばる舎

はじめに

「今の話、よくわからなかったんだけど……」

社会人1年目のとき、上司から言われたひと言です。

自分では、しっかり伝えたつもりなのに、どうして伝わらないんだろう……。伝えるべきことは、すべて伝えたはずなのに……。

ちゃんと聞いてくれなかった上司が悪いんじゃないか……。

話すことに対して月並みに自信があった私は、この「伝わらなかった」という大きな衝撃を今でも覚えています。

でも今振り返り、改めて思うのは、**あの頃の私は、相手に伝えるためのスキルを持ち合わせていなかった**のだと。「どういう内容を、どういう順番で、どう伝えるのか」

何ひとつ考えていませんでした。ただ、自分の言いたいことを、言いたいように話していただけでした。

伝える力は、仕事やプライベート、さまざまな場面で必要なスキルです。でも不思議なことに、今まで「伝え方」について、イチから教えてもらう機会があった人は、ほとんどいないでしょう。ただ、**伝え方には、やり方やコツが存在します。**それを知っているか否かで、「伝える力」は驚くほど変わるのです。

本書では、そのやり方、コツをとことんお教えいたします。
伝え方に資質や能力は関係ありません。いわば、ひとつのスキルです。誰でも、いつでも手に入れることができます。みんな「伝え上手」になれるのです。
そしてそれは驚くほど簡単です！　頭を悩ますような難しい内容は、いっさい出てきません。明日からすぐに実践できるものばかりです。

伝える力を手に入れると、**上司やお客様とのやり取りでミスがなくなるだけでなく、ムダな作業やムダな時間からも解放されます。**すると、仕事がスムーズに進み、成果も出やすくなります。

あなたが持っている有益な情報や大切な思い、伝えたい気持ちが、正しく相手に伝わらないのは、本当にもったいないことです。きっと、あなたも歯がゆいはずです。

また、仕事がデキるにもかかわらず、能力を持ち合わせているにもかかわらず、伝え方がヘタというだけで損をしてしまっている……これも非常に残念なことです。

でも、安心してください。伝えるために必要なコツやポイントは、すべてこの本に書いてありますので、読めばきっとあなたも「なるほど!」と思うはずです。

あとは、それらを少しずつ実践に移していくだけです。

社会人1年目の私にもこの本を渡したかった、と切に思います。

さあ、準備はいいですか?

「伝え上手」というゴールへ向けて、一緒に旅を楽しみましょう。

目次

ムダゼロ・ミスゼロの人の
伝え方のキホン

はじめに……3

第1章
伝え方次第で、仕事のムダは9割減る！

1 仕事がサクサク進まない…。その原因は伝え方にあった！……18
行き違い、誤解、ミスが日常茶飯事…
2 「それで？」「どういうこと？」と聞き返されるのはナゼ!?……22
「○○さんから電話がありました」はトラブルの元
「話せば伝わる」は思い込み!?
3 「自分が言いたいこと」より「相手が知りたいこと」……26
誰にでもわかりやすい池上彰さんの解説

4 伝わったかどうかは、「相手の反応」がすべて……30
仕事をスムーズにこなす人ほど、小さなサイン に敏感

5 何はさておき、伝えるスキルを手に入れるのが先……34
小手先のコミュニケーションでは、いずれ行き詰まる

6 才能は関係ナシ。真似するだけでどんどんうまくなる……38
「この人みたいになりたい」で成長は加速する

第2章 まずおさえたい伝え方のキホン

7 「思いつき」ではなく「箇条書き」で話す……44
準備ゼロで話すから、聞いてもらえない

8
やっぱり大事！　5W3Hでヌケ・モレを防ぐ……48
過不足なく伝えるための大事な8項目

9
いきなり詳細はNG。まずは結論から……52
とっても簡単！　4ステップで伝えよう
ミスやトラブルの報告も同様

10
「〇個あります」で見通しを示す……58
最後まで聞いてもらうためのテクニック

11
行き違いの一番大きな原因は「曖昧さ」……62
数字や固有名詞を意識して使う

12
「たとえば」で、すかさず具体例を挙げる……66
これで二度手間がなくなる

13
事実と意見。分けないから誤解される……70
「個人的には」「私見ですが」と必ず添えて

14 ズバッと「ひと言」で言い切る。だから印象に残る……74
ついダラダラ話してしまう人におすすめ

第3章 ヌケ、モレ、ミスのない文章に仕上げるコツ

15 文章における「言葉足らず」は命取り……80
読む人によって違う解釈ではアウト

16 一文は短く。ひとつの文にひとつのメッセージ……84
目安は60～70字。箇条書きも有効活用
「、」があると、さらに読みやすくなる

17 こんな書き方だと誤読される！ 典型的なパターン……90
言葉の順番、考えて書いていますか？

18 紙1枚にまとまらないなら、とことん削る覚悟で……94
— やみくもに書き始めるのではなく、まずは項目出しから
19 文章の見直しにこそ、最大の時間をさく……98
— 書きっぱなしで提出するのは御法度
20 メールの読みやすさは、開いて1秒で決まる……102
— ポイントは「改行」「1行あき」「ひらがな」
21 ビジネス上級者ほど、最初と最後で手を抜かない……106
— 「挨拶」や「名前」だけの件名は不合格
— 何を「よろしくお願いいたします」なのか？
22 どんなときも「よろしければ」の気遣いが大事……110
— クッション言葉、あるとなしでは雲泥の差
23 パワポは見た目が9割。文字量は最低限で……114
— 詳しい説明は口頭で伝えればOK
— ワクワク感も大事な要素

第4章 今より3倍伝わる! 意外と知らない話し方のテクニック

24 言葉だけに頼るから伝わらない……120
「表情」「ジェスチャー」を最大限に取り入れる

25 声の大きさ、トーン、ペースを意識して話す……124
会話のキャッチボールがうまくいくコツ
「早口で聞き取れない」は、大きなストレスに

26 少なくとも5秒! 相手の目をじっと見る……128
目が合わないと、いろいろ勘ぐってしまうもの

27 自分の口グセに気づいていない人が大多数……132
「おそらく」「たぶん」は不安にさせるだけ
ムダな言葉は、ばっさりカット

28 思わず話に引き込まれる「間」の活用……136
デキる人がやっている上級テクニック
29 プレゼンの練習量と成功率は比例する……140
スティーブ・ジョブズ氏でさえも、丸2日練習していた

第5章 100%自信を持って伝えるために、すべき準備とは？

30 どうしてうまく伝わらない？ それ情報不足かも……146
芸人さんのまわりに、おもしろい話が転がっているのはナゼ？
知らないことを放置しない
「ネット検索」より「人に聞く」のがベター

31 最低3個。事前に質問を予想しておく……152
企画が通らないのは、「予測」が足りないから

32 録音・録画でしか気づけない、自分の本当の姿……156
「え、こんなにヘタなの?」は誰もが通る道

33 「聞いている人が笑顔で拍手」をイメージする……160
行動の97%が、潜在意識にコントロールされている⁉

34 たまには自分を褒めてあげよう……164
「よくできたところ」をどんどん伸ばしていく

第6章

「伝える」から「結果を出す」へシフトチェンジ

35 勇気を出して「どう思う?」と聞いてみる……168
「はっきり言うけど…」は成長のターニングポイント
裸の王様にならないために

36 実はみんなやっていない「ゴール設定」……172
企画採用率9割超えの秘訣

37 「バイタリティ」を別の言葉で言い換えるなら?……176
難しい言葉はとことん噛み砕く
専門誌にはたくさんのヒントが詰まっている

38 印象に残らないのは圧倒的な熱量不足……182
聞き手は、内容よりも熱量に敏感!?
39 「自分磨き」は「伝え方磨き」……186
「日記をつけるといいよ」と上司に言われたらどうする?
40 「あなたらしさ」が最大の武器になる……190
スキル同様、個性も大事な要素のひとつ
おわりに……195

カバーデザイン　小口翔平＋岩永香穂（tobufune）
本文デザイン・図版　松好那名（matt's work）
イラスト　村山宇希

第 1 章

伝え方次第で、仕事のムダは9割減る!

Basics of communication

Basics of communication

1

仕事がサクサク進まない…。その原因は伝え方にあった!

!

ミスしない、ムダがない人は
とにかく伝え方が上手!

行き違い、誤解、ミスが日常茶飯事…

あなたは、こんな悩みを抱えていませんか。

・人と話すのが苦手
・話が途中で止まってしまう
・言いたいことをうまく言葉にできない
・気づいたら長々と話している

……これらの悩みの原因は、「伝え方」にあります。

伝え方がうまくないと、仕事が滞る、誤解や思い違いが生まれる、関係がギクシャクする、ミスが起こる、トラブルが生じる……など、望まない結果につながることも。どれだけすばらしい仕事をしても、伝え方がヘタというだけで、まわりから見放されることだってあります。

伝え方がヘタというのは、仕事をするうえで大きなマイナス要因。厳しい言い方をすれば「致命傷」です。

一方で、周囲に評価され、信頼される人は、おおむね伝え方上手です。
彼らは、過不足なく情報を盛り込みながら、相手が理解できるよう、わかりやすく伝えることができます。
一度のやり取りでしっかり伝わるので、物事がスムーズに進み、まわりだけでなく、自分もストレスなく仕事をこなしていけるのです。

ビジネスシーンにおいて、報告、連絡、相談、確認、提案、依頼など、「人に伝える」というアクションは必要不可欠な要素。

だからこそ、ビジネスマンは、「伝えベタ」から抜け出して、「伝え上手」にならなければいけないのです。

でも、安心してください。そんな伝えベタな人のために、この本は存在しています。
伝え方がうまいかヘタかは、生まれつきの才能で決まるわけではありません。コツとポイントさえつかめば、誰でも必ず「伝え上手」になれます。

どうしていつもうまくいかない?

伝え方に問題があるのでは…?
今こそ見直すとき!

Basics of communication

2

「それで?」「どういうこと?」と聞き返されるのはナゼ!?

!

しっかり伝えたはずなのに
伝わっていないという矛盾

「○○さんから電話がありました」はトラブルの元

日本には「以心伝心」の文化があります。
「以心伝心」とは「言葉を使わずに、お互いの心から心に伝えること」です。強い信頼関係にある師弟、あるいは、長年連れ添ってきた夫婦などであれば、以心伝心によるコミュニケーションも、少しは有効かもしれません。

ところが、ビジネスシーンで「以心伝心」に頼ると、痛い目にあいかねません。**相手に伝えるためには、はっきりと口に出し、重要な内容であればしっかり文章にしなければならないということ。**「言わなくてもわかってくれるだろう」「相手は当然○○してくれるだろう」という甘い考えは、今すぐ捨てましょう。

どんなに慣れた相手、慣れた仕事でも、念には念を入れて、言葉で「伝える」ことが大事です。

たとえば、上司が席を外しているときに、上司宛ての電話を受けたとします。そして、上司が戻ってきたとき、あなたは次のような伝え方をします。

「先ほど、ＣＢクリエイトの新田さんから、お電話がありました」

上司は、間違いなく「それで？」と答えるでしょう。

その真意は、「それで、折り返しこちらから連絡するの？　それとも、向こうがかけ直してくるの？」という疑問です。上司が知りたい肝心な情報が抜けているのです。

あなたとしては、「当然、上司は折り返し電話を入れるだろう」と思ったかもしれません。だから「言わなくてもいい」と判断したのでしょう。しかし、それは都合のいい思い込みにすぎません。


仕事におけるコミュニケーションで**「相手は当然○○してくれるだろう」という考えは、とても危険です。**相手がすべきこと、相手にしてほしいことは、必ず言葉にして伝えるようにしましょう。

今のシーンの場合、「先ほど、ＣＢクリエイトの新田さんから、お電話がありました。戻り次第、連絡がほしいとのことです」と伝える必要がありました。

「話せば伝わる」は思い込み!?

その一方で、「話せば必ず伝わる」という考え方も危険です。

伝え方に問題がある人の場合、どんなに上手に話したつもりでも、おそらく相手に伝わっているのは5〜6割。まさかと思うかもしれませんが、その程度しか伝わっていないことがほとんどです。

伝え方でもっとも大事なことは、「伝える」ことではなく「伝わる」ことです。「伝える」と「伝わる」は似て非なるもの。自分では伝えたつもりでも、相手に伝わっていなければ、何も伝えていないのと同じです。

意外と危険なのが「自分は伝え方がうまい」と思っている人です。立て板に水のごとく話せるからといって、「伝わっている」とは限りません。

伝えて満足するのではなく、「伝わったかな？」「ちゃんと理解できたかな？」と、「伝わる」ことに意識を向けてみましょう。

Basics of communication

3

「自分が言いたいこと」より「相手が知りたいこと」

!

難しく語るのは易しく、
易しく語るのは難しい

誰にでもわかりやすい池上彰さんの解説

伝え方がうまい人は「相手視点」で話をします。

①相手が知りたいことを話す
②相手が理解しやすい順番で話す
③相手が理解しやすい言葉・表現を使う
④相手が興味を持つように話す

一方、伝え方がヘタな人は「自分視点」で話をします。

❶自分が話したいことを話す
❷自分が話したいように話す

これでは、相手に伝わらないのもムリはありません。

伝え方の達人のひとりに、テレビ等で活躍している池上彰さんがいます。

政治や経済、金融、国際情勢などの難しいニュースも、池上さんの解説を聞くと、ストレスなく、するすると頭に入ってきます。聞きながら「うん、うん」「なるほど」「そういうことか！」と相づちを打っている人も多いはず。

なぜ、池上さんの解説はわかりやすいのでしょうか？　それは徹底して「相手視点」を実践しているからです。

言うまでもなく、池上さんがインプットしている情報量は圧倒的です。ただそれ以上に、相手（一般の視聴者）が理解しやすいように、前述の①〜④を意識しています。

一方で、**世の中の多くの人は、難しい情報を難しいまま、複雑な情報を複雑なまま伝えてしまいます。**つまり「自分視点」で話をしてしまうのです。

難しく語るのは易しく、易しく語るのは難しい。

これは20年以上にわたって、伝え方を研究し続けている私の実感でもあります。

難しく語る人は「自分視点」が強く、易しく語る人は「相手視点」を持ち合わせています。もしもあなたが、伝え上手になって、仕事の効率や成果を高めたいと考えているのなら、迷わず後者を目指しましょう。

相手に伝わらない…その原因は?

■「自分視点」で話すと…

■「相手視点」を持つと…

自分が話したいように話すから伝わらない。
「相手」に目を向けてみよう

Basics of communication

4

伝わったかどうかは、「相手の反応」がすべて

!

「伝わりましたか?」の
確認を怠らない

仕事をスムーズにこなす人ほど、小さなサインに敏感

話が伝わったかどうかを判断するには、どうしたらいいのでしょう。

それは、「相手の反応をチェックする」ことです。

あなたの話が伝わっていない場合、相手は何かしらのサインを発してきます。

ところが、伝え方がヘタな人ほど、このサインに鈍感です。


相手から、「よくわかりました」「わかりません」など、返事があればいいのですが、非言語（表情やしぐさなど）で反応を返してくる人も多くいます。

たとえば、顔色が曇る、眉間にしわが寄る、首を傾げる、目がボーッとしている、話に聞き入ることなく忙しそうに動いている……など。相手がこのような反応を見せたときは、伝わっていない恐れがあります。

相手の反応に何か違和感を覚えたときは、**「伝わりましたか？」「何かご不明点はありますか？」「○○の部分はご理解いただけましたか？」と、言葉で確認するのが鉄則**です。

相手が何かしらの「？（＝疑問）」を残していると感じたときは、その「？」が消えるまで補足説明をしなければいけません。

誰しも、話をするときは、自分の話に没入しがちです。ほどよい集中は〝青信号〟ですが、没入は〝黄信号〟です。勢い余って暴走してしまうのは大変危険。**相手を置き去りにしないためにも、相手の反応をよく観察する必要があります。**

「人は、自分の話に没入するクセがある」つまり、「相手の反応を見落としがちである」ということを、いつも心の隅にとどめておきましょう。

話が伝わったかどうか、内容を理解したかどうかの答えは、いつでも伝え手ではなく、相手が持っています。その答えを手に入れるためには、何はさておき、相手のサインを受け取るアンテナの感度を高めなければいけません。

相手の反応に気づけるようになれば、それは「伝え上手」に一歩近づいたということ。相手が言葉と非言語の両方で、「伝わったよ」の合図を返してくれる機会が増えてくると、あなたの自信にもつながるはずです。

相手の反応のチェックポイントは?

Check ☑

- □ 顔色は曇っていないか
- □ 眉間にしわが寄っていないか
- □ 首を傾げていないか
- □ 目がボーッとしていないか
- □ 話に聞き入ることなく、忙しく動いていないか

Point

返事をうのみにせず、表情・しぐさにも注意を向ける

「わかりました」は相手の本音?
表情、声色、振る舞いも大事な判断材料!

Basics of communication

5

何はさておき、伝えるスキルを手に入れるのが先

!

仕事をテキパキこなすために
一番大事な基礎部分

小手先のコミュニケーションでは、いずれ行き詰まる

とくに若いうちは、一人前になること、結果を出すこと、上司に褒められることなどに目が向きがちです。もちろん、それは仕事をするうえでとても大事なことです。しかし、そればかりを意識しすぎて、伝え方がヘタな人は、驚くほどたくさんいます。上司の立場からしてみれば、優先順位は間違いなく「伝え方」の体得です。なぜなら、**伝えるのがヘタな人に、仕事がデキる人はいないと思っている**からです。

私も昔、仕事に自信を持っているイケイケな人と、一緒に仕事をしたことがあります。最初はとても刺激的で楽しかったのですが、仕事をしていくうちにちょっとした違和感を覚え始めました。

大事な相談をしても、的を射た回答が返ってこない。一度で理解できないメールが送られてくる。何かあれば自分の話ばかり……。正直、一緒に仕事をすることに疲れてしまいました。

でも、おそらく、その人は私のこの気持ちに気づいていないはずです。

大人になると、若い頃のようにまわりが注意してくれなくなります。その結果どうなるかというと、いつの間にか人が離れていってしまうという、恐ろしい結末が待ち受けているのです。

現に、私が一緒に仕事をしたこの人のまわりからも、多くの人が、潮が引くように去っていきました。

たいていの人は、そこで初めて「あれ？　自分の何が悪かったんだろう？」と振り返るのです。しかし、それでは時すでに遅しです。そこから信用と名誉を挽回するには、今までの何倍もの努力が必要になります。

伝えるスキルは、いわば仕事の屋台骨みたいなもの。ここさえしっかりしていれば、仕事はおのずとうまく進み、成果も出やすくなるはずです。

何よりも**「伝え方」がうまくなっていくと、自信と意欲が増していき、いつしか、魅力あふれる人間として周囲から一目置かれるようになります。**

ぜひ、そうした変化も楽しみながら、一歩ずつ、着実にスキルを自分のものにしていきましょう。

1年後、その差は歴然

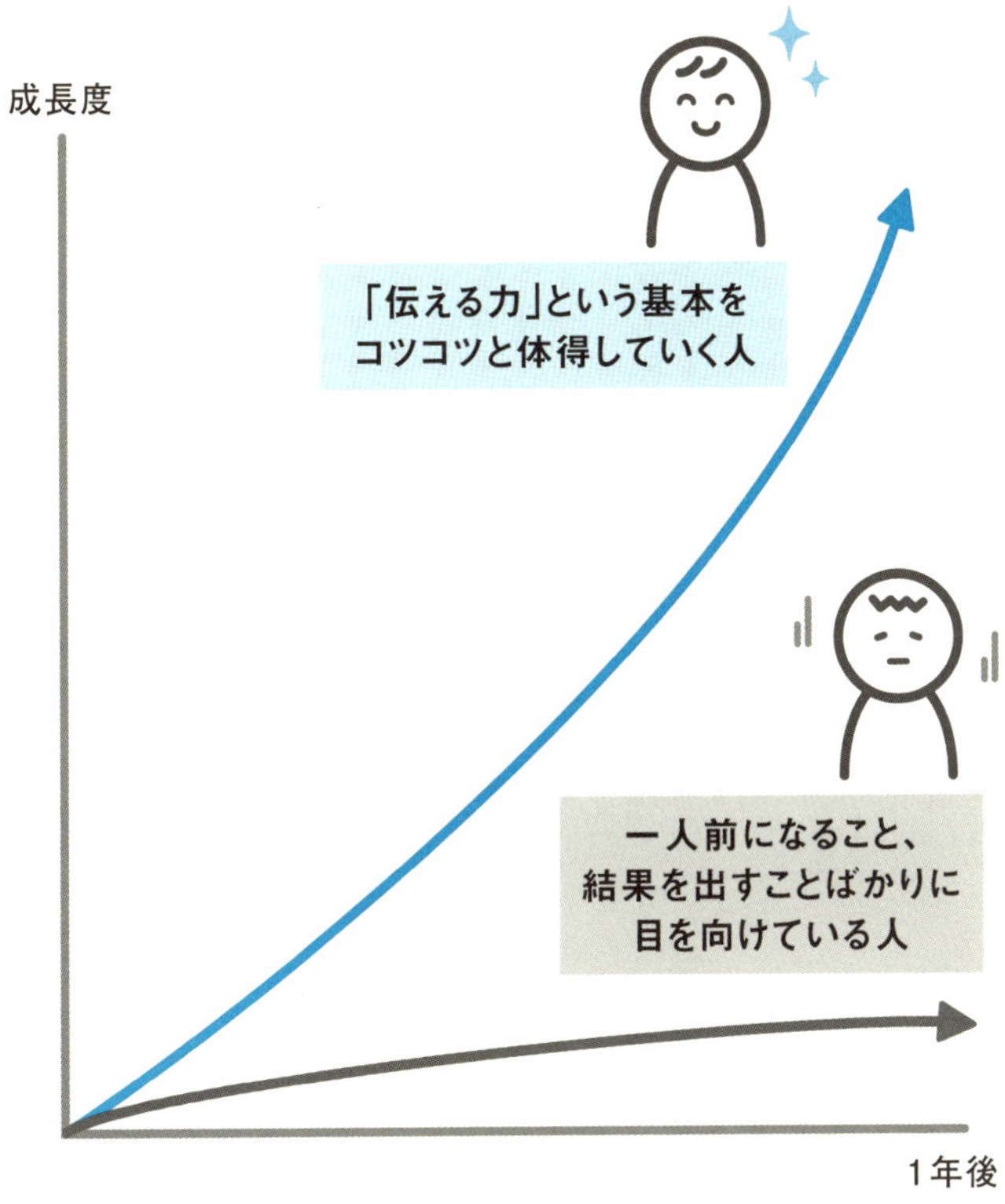

まずは伝えるスキルの体得から!
長い目で見ると、やはり基本が大事!

Basics of communication

6

才能は関係ナシ。真似するだけでどんどんうまくなる

!

あなたの身近に
「お手本」はいますか?

「この人みたいになりたい」で成長は加速する

仕事をしていると、自分よりもデキる人に出会うことがあります。

「この人すごいな!」「なんで、こんなことができるんだろう」という尊敬の念を持つこともあれば、「負けたくない!」「自分だって……」「今に見てろ!」と闘志を奮い立たせてくれることもあります。

どちらにせよ、**自分よりもデキる人に出会うことは、成長するうえで運のいいことですし、貴重な経験です。**

私も若いときに、「この人みたいになりたい」と思う人に出会ったことがあります。話はうまいし、メールのやり取りも簡潔だし、自分にはできないな……と何度も敗北した気持ちになったものです（笑）。

でもあるとき、いや待てよ、こんな身近に「お手本」がいるなんて、自分はラッキーかもしれない、ということに気づいたのです。それからは、その人の話し方やメールの書き方で、「いいな」と思ったものを、メモして盗み、真似するようにしました。すると、みるみる伝え上手になっていったのです。

もちろん、どうやったら相手に伝わるか、試行錯誤を重ねながら、自分なりの答えもたくさん見つけてきました。でも、この人みたいになりたい、という存在（目標）がいたことは、成長するうえでとても大きかったように思います。

たとえば、お手本は、社内の先輩でも取引先の人でもかまいません。あるいは、テレビに出ている有名人やユーチューバーでもいいかもしれません。

「いつか、こんな伝え方ができるようになりたい」という人を目標に掲げることで、伝え方のスキルが飛躍的に伸びていきます。

話し方ならこの人、メールならこの人、プレゼンならこの人、という具合に、それぞれのシーンでお手本になる人を見つけてもいいでしょう。

もちろん、この本も、伝えベタなあなたにとっては「よきお手本」になるはず。次章からは、伝え方のコツとポイントを具体的に紹介していきます。学んだことは、実践でどんどん使っていきましょう。

どんな人を目指そうか…

身近な人だと真似しやすい。
だからどんどん伸びていく!

第 2 章

まずおさえたい伝え方のキホン

Basics of communication

Basics of communication

7

「思いつき」ではなく「箇条書き」で話す

!

「とりあえず思いついた順に…」
なんてビジネスでは失格

準備ゼロで話すから、聞いてもらえない

伝え方がヘタな人に見受けられる、大きな特徴のひとつが、「思いついた順にダラダラと話す」こと。この場合、内容が伝わりづらいだけでなく、相手の聞く気を喪失させます。では、簡潔で的確な伝え方をするためには、どうすればいいでしょうか。

おすすめしたいのが、事前に「箇条書きにする」という方法です。

仮に、上司に営業の報告をするとします。

①A社に「商品Z」のプレゼン
②参加者の反応は上々
③「商品Z」のデータを提出予定

このように書き出すと、話す内容と順番が明確になります（相手に見せるためではなく、自分の覚え書きとして）。あとは、**これらの箇条書きに肉付けしながら、順番に説明していくだけです。**慣れてきたら、頭の中だけで箇条書きを済ませてもOKです。箇条書きの数は、できれば3〜5個に絞るのがベストです。

○ご報告があります。①今日、A社で「商品Z」のプレゼンをしてきました。②参加者の反応が良く、来週の役員会議で検討してくれることになりました。③事前に「商品Z」の効果を示すデータがほしいとのことなので、迅速に対応しておきます。

とてもわかりやすい報告です。

一方で、もし、箇条書きせずに上司の元へ行っていたなら、「商品Zの効果を示すデータがあったと思いますが、A社に送ろうと思っていまして、というのも、そのつまり……」というような、冗長でわかりにくい報告になっていたかもしれません。

なお、**全文の「丸暗記」はおすすめできません。**

なぜなら、ど忘れしてしまったときに、何も話せなくなってしまう恐れがあるからです。そもそも、丸暗記しなければいけないということは、「私は内容を理解していません」と宣言しているようなもの。暗記する時間があるなら、理解を深めることに時間を費やし、箇条書きを上手に利用しましょう。

「箇条書きメモ」で、断然わかりやすくなる!

伝える内容は3～5個に絞り
メモに書き出すといい

Basics of communication

8

やっぱり大事！5W3Hでヌケ・モレを防ぐ

どんな話も一度で伝わる秘策

過不足なく伝えるための大事な8項目

私は、これまでに新聞、週刊誌、専門誌、業界紙など、100近いメディアで原稿を書いてきました。今でも執筆の際には、「5W3H」を意識するようにしています。

①Who（誰が／主体・担当・分担・ターゲット）
②What（何を／内容・目的・目標）
③When（いつ／時間・期限・時期・日程）
④Where（どこで／場所・行き先）
⑤Why（なぜ／理由・根拠）
⑥How（どのように／方法・手段）
⑦How many（どのくらい／数・量）
⑧How much（いくら／金額・費用）

必ずしも、8個すべての情報が必要とは限りませんが、なるべく多く入っているほうが、相手に親切です（内容が詳細でわかりやすいため）。とくに、提案やホウレンソウの場面では、これらの情報を盛り込むことが求められます。

たとえば、「10月3日の2社合同販促会議は、弊社のA会議室で13時から行います。両社の宣伝課のメンバーがそれぞれ5名ずつ出席します。当日は5つある販促プランをひとつに絞り込みます」という連絡には、「いつ／何を／どこで／誰が／どのくらい」などの情報が盛り込まれています。

もしも、この大事な連絡を「10月3日はよろしくお願いします」で済ませてしまったとしたら、当然、誤解やミスを誘発するリスクが高まります。

5W3Hの抜け落ちによって、伝え手の信用が失墜するケースも少なくありません。

また、**5W3Hは、伝えるときだけでなく、情報を整理する際のツールとしても有効です。**たとえば、報告書や企画書を読む側に立ったときに、「5W3H」で内容をチェックすると、必要な情報の抜け落ちなどに、気づきやすくなります。ぜひ、いろいろな場面で活用してみてください。

たとえば、女性用の靴を売り出すとき…

❶Who（誰が／主体・担当・分担・ターゲット）	20〜30代の女性
❷What（何を／内容・目的・目標）	歩きやすいパンプス
❸When（いつ／時間・期限・時期・日程）	ビジネスシーン
❹Where（どこで／場所・行き先）	職場（主に、立ち仕事）
❺Why（なぜ／理由・根拠）	毎日快適に過ごすため、疲れないため
❻How（どのように／方法・手段）	SNSで広める
❼How many（どのくらい／数・量）	1万足を売る
❽How much（いくら／金額・費用）	1足8,000円

5W3Hでまとめるとヌケ、モレがない。
伝える内容が洗練される!

Basics of communication

9

いきなり詳細はNG。まずは結論から

!

最初に「結論」がわかると
相手は安心できる

とっても簡単！　4ステップで伝えよう

何かしらの提案や報告をするときに、相手の頭に入りやすい流れを意識して話す。これは、相手に一度でしっかり理解してもらうために不可欠な気遣いです。ビジネスシーンにおいて、一番わかりやすい伝え方のテンプレートが「結論優先型」です。以下の順に伝えることで、明確で、理解しやすい話になります。

①全貌（どんな用件か？）
②結論（もっとも伝えたいメッセージは何か？）
③理由（そのメッセージの理由は何か？）
④詳細（どんな詳細か？）

ここで、とくに大切なのが①と②。**話の冒頭で「どんな用件か」と「もっとも伝えたいメッセージは何か」のふたつを伝えることで、聞き手は安心します。**なぜなら、①と②が話の「幹」だからです。「幹」を伝えることによって、相手は話の全体像をつかみ、そのあとの話を受け入れる準備を整えることができるのです。

また、「②結論」と「③理由」はセットのようなものです。結論のあとで筋の通った理由を語ることによって、論理性が保たれて、結論の説得力が増します。そういう意味では、理由も「幹」の一部といえるでしょう。

一方、話の「枝葉」となるのが「④詳細」です。枝葉では具体例や具体策、体験、関連データなどを伝えます。なお、長めのプレゼンや説明、スピーチをするときは「詳細1→詳細2→詳細3」という具合に、話を深めていけばOKです。

結論優先型に当てはめて話すと、次のようになります。

○ ①商品Aの販促で、ご提案があります。②発売日から3日間、ツイッターで○○プレゼントキャンペーンを展開してみてはいかがでしょうか。③ターゲットとなる20代の層を巻き込んで、商品認知と購入意欲を高めるのが狙いです。④具体的な方法ですが、ユーザーに商品Aを撮影してもらい、ハッシュタグ付きでツイッターに投稿してもらいます。

結論優先型とは…

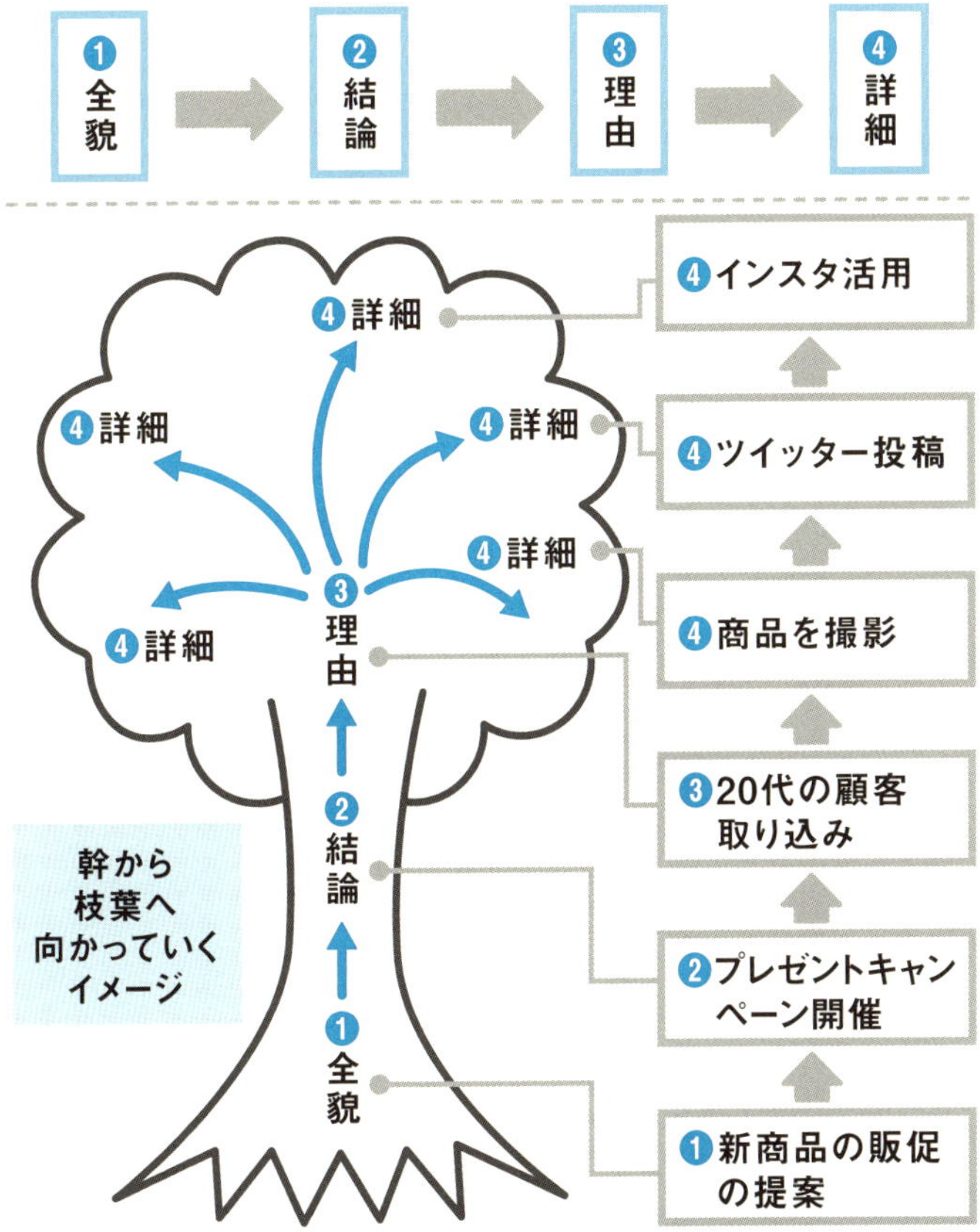

相手が一番知りたい「結論」を先に。
間違っても逆走はしない

結論優先型を使うと、複雑な内容を、わかりやすくシンプルに伝えることができます。話が支離滅裂になりやすい人には、とくにおすすめです。

ミスやトラブルの報告も同様

ミスやトラブルが起きてしまったときは、とくに迅速で的確な報告が求められます。ここでも、結論優先型の4ステップが有効です。

○ ①課長、納品ミスのご報告がございます。②A社から500個注文いただいていた商品が、50個しか納品されていませんでした。③注文を受けた私が、個数を読み間違えていました。④すでに残り450個の追加配送手続きを取りましたので、明日の午前中にはA社に到着する予定です。私の不注意でこのようなことになり、申し訳ございませんでした。

ミスやトラブルの報告の場合、④には、詳細ではなく「対処法」を入れるのがベストです。

間違っても、「すみませんでした」「申し訳ありませんでした」ばかりを連呼しないように。**上司が求めているのは、謝罪ではなく、事実の報告です。**変に遠回しな言い方をすれば、上司をいらだたせかねません。簡潔に伝えることを心がけましょう。

加えて、その際に気をつけるべきことがふたつあります。

それは、言い訳をしないことと、他人に責任をなすりつけないことです。

「しっかりいつもどおりやっていたのですが、ちょうど忙しくて、確認を忘れていて。でも、私だけが悪いわけじゃなく、○○さんも気づいてくれなかったので……」などと、上司へ伝えるのはもってのほかです。

仕事にミスやトラブルはつきもの。だからこそ、ピンチに見舞われたときに、どのような対応ができるかで、その人の真価が問われます。

報告を抜かりなく行うことで、「あいつは、ミスをしたときの対応もすばらしい」と評価を高めることだってできます。ピンチはチャンス。安い保身に走って、それまで築いてきた信頼を地に落とさないよう、気をつけましょう。

Basics of communication

10

「○個あります」で見通しを示す

!

ポイントがいくつかある場合の枕詞

最後まで聞いてもらうためのテクニック

たとえば、自動車の販売で、新型車の良さを説明する場合、どんなことに注意すれば、相手が聞きやすい伝え方になるでしょう。

> ✕ 燃費の良いこの新型軽自動車は、リッターで平均30キロ走ります。また、最小回転半径が3・9メートルなので小回りもききます。これは軽自動車ではトップレベルです。メリットとしては、車内空間の快適さも挙げられます。乗車中の圧迫感がありません。1775ミリのハイルーフ仕様だからです。

いかがでしょうか。必要な情報は盛り込まれているものの、情報が整理されていないため、一度ですべてを理解することができません。

このように、伝えるポイントがいくつかある場合には、「列挙型」が有効です。

①全体像（いくつポイントがあるか？）

②詳細1（1つ目のポイントは何か？）
③詳細2（2つ目のポイントは何か？）
④詳細3（3つ目のポイントは何か？）

○ ①この新型軽自動車には、おもに3つのメリットがあります。②1つ目が燃費の良さです。リッターで平均30キロ走ります。③2つ目が、小回りの良さです。最小回転半径は3・9メートルと軽自動車ではトップレベルです。④3つ目が、快適な車内空間です。1775ミリのハイルーフ仕様のため、乗車中の圧迫感がありません。

冒頭で「3つのメリット」と数字を示したこと、また、3つのメリットをひとつずつ丁寧に紹介したことで、わかりやすさと理解度が大幅にアップしました。

この列挙型は、「この問題の解決策は、ズバリ2つございます」「今日は宮島様に2つのご報告と、1つのご提案がございます」「質問が3つあります」という具合に、プレゼンや説明、質問時など、あらゆる場面で使うことができます。

列挙型とは…

❶全体像 → ❷詳細1 → ❸詳細2 → ❹詳細3

❶ ご報告が3つあります

↓

❷	はじめに	第一に	まず
❸	続いて	第二に	次に
❹	最後に	第三に	さらに

ホウレンソウにも使える!
さまざまなビジネスシーンで活用しよう

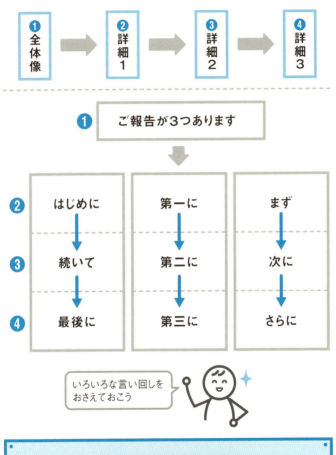

Basics of communication

11

行き違いの一番大きな原因は「曖昧さ」

!

ビジネスにおける
「うやむや」は致命傷

数字や固有名詞を意識して使う

伝え方がうまい人は、話が具体的です。一方で、**伝え方がヘタな人ほど話を曖昧にする傾向があります。**

「明日の会議は、少し人数が増えます」
「3日の午前中に、うかがってもよろしいでしょうか？」
「あの件は、順調に進んでいます」

これでは、はっきりした内容が伝わりません。相手が勘違いしたり、誤解したりする可能性も大です。では、次のような伝え方ならどうでしょう。

「明日の営業会議は、参加者が3名増えたので、全員で13名になります」
「3日の11時に、広報部○○様のところへ、うかがってもよろしいでしょうか？」
「A社の○○企画オファーの件は、明日返事をもらう予定で進んでいます」

このくらい具体的に伝えれば、相手も納得でしょう。**ポイントは、意識的に「数字」や「固有名詞」を使うこと。**具体性が増すと、お互いの行き違いは減ります。

仕事の現場で、物事を曖昧にしておくメリットはほとんどありません。それどころか、曖昧な伝え方ばかりしていると、最後に大きなしわ寄せが来て、袋小路に入ってしまうケースもあります。

そもそも曖昧な伝え方をする人は、進行も滞りがちで、コミュニケーションでも何かと齟齬《そご》が生じがち。そうなると、成果を出すことは難しく、周囲からもなかなか信用を得られません。

「自分が知っていることは相手も知っているだろう」と思い込まないことが重要です。
「（この情報について）相手はよく知らないかもしれない」
「（この情報のことを）相手は忘れているかもしれない」
「（これから伝えることを）相手は誤解（勘違い）するかもしれない」

このように、〝少し疑ってかかる〟くらいが、ビジネスにおいては、ちょうどいいさじ加減です。相手の立場に立って具体的に伝える。この配慮・心配りができる人は、いずれ仕事でも大きな成果を収める人です。

ただ漠然と伝えるのはNG

■ 曖昧な伝え方はしない

✖ 駅から少しかかります

○ **東京駅丸の内南口から、徒歩で7分**ほどかかります

✖ なるべく早くください

○ **明日の正午までに**ください

✖ 時間と場所が変更になりました

○ **時間は午後1時に、場所はA会議室に**変更になりました

■ 曖昧になりやすい言葉

あれ、あの、あちら、あんな、ああやって、あそこ

とても、かなり、少し、すぐ、しばらく、ときどき、もっと、すごく

すてき、良い、すばらしい、すごい　……など

あえて数字や固有名詞を使う。
曖昧グセから今すぐ脱出!

Basics of communication

12

「たとえば」で、すかさず具体例を挙げる

!

仕事がスムーズに進む
「魔法の言葉」

これで二度手間がなくなる

A　来場者がリラックスできるよう、会場で音楽を流しましょう。
B　来場者がリラックスできるよう、会場で音楽を流しましょう。たとえば、川のせせらぎや小鳥のさえずりといった、大自然の音を含んだヒーリング音楽はどうでしょう。

あなたの頭の中に、イメージが入ってきたのは、AとBのどちらでしょうか。

間違いなくBですよね。ここまで具体的に音楽の特徴を言われれば、それ以外のジャンルを想像する余地がありません。

残念ながら、Aの伝え方では、相手は「ポップス」「ジャズ」「クラシック」など、好き勝手な音楽をイメージしてしまいます。

相手と情報をより正確に共有したいのであれば、**自分の思い描くイメージを、「たとえば」という言葉を使って、明確に伝える方法が有効**です。

現に、伝え方のうまい人たちほど、頻繁に「たとえば」を使います。そうすることで、お互いの思い違いや、行き違いを防げることを知っているのです。

「たとえば」のあとには、必ず具体例がきます。この**具体例の共有こそが、仕事をスムーズに進めるためのカギなのです。**

もし、あなたが、取引先に「商品の資料をいただけますか？」とお願いしたとします。続いて、「たとえば、商品カタログや商品のラインナップがわかる資料だと嬉しいです」と、具体例を添えたとします。

すると、どんな資料を準備すればいいのか、相手が頭を悩ますことはありません。おそらく、ほぼ希望どおりの資料を持ってきてくれるでしょう。

抽象的な言葉を使ったとき、あるいは、大枠で説明をしたときなどは、「たとえば」と口にしてから、具体例を示すようにしましょう。

「たとえば」は魔法のキーワード。この言葉を使うほどに、あなたの話は、周囲の人に伝わるようになるでしょう。

内容を共有するためのひと工夫

具体的だから、間違いようがない。
行き違いを防ぐには、ここまでしないといけない

Basics of communication

13

事実と意見。分けないから誤解される

!

あやふやにしておくと、
あとで取り返しのつかないことに…

「個人的には」「私見ですが」と必ず添えて

人に何かを伝えるときには、「事実」と「意見」を分ける必要があります。

事実と意見を混同して伝えると、相手に本当の情報が伝わらないだけでなく、最悪の場合、「嘘をついた」「事実をねじまげた」と思われて、信用を落としかねません。

「事実」とは、①本当にあった（現実に存在する）事柄、②調査や実験で必ず確認できること、③「正しいor正しくないか」のどちらか。

「意見」とは、①個人的な考えや判断、②調査や実験で確認できないものも含まれる、③「正しいor正しくないか」を決められないこともある。

✕ 店舗Aの売上は、400万円と好調でした。

これは、あたかもすべてが事実であるかのような伝え方です。

しかし実際には、「売上は400万円」は事実ですが、「好調でした」は事実ではなく、意見の可能性があります。何をもって「好調」と判断したのでしょう。もし売上400万円でも、営業利益が高くなかったら？　先月に比べて売上が落ちていたら？

先ほどの伝え方では誤解を招いてしまいます。

○店舗Aの売上は、400万円でした。営業利益も200万円と好調でした。
○店舗Aの売上は、400万円でした。先月に比べて好調でした。

このように、好調の理由を添えることで、誤解を招くことなく伝わります。

もし、あなたの意見として伝える必要がある場合には、「私としては〜と考えています」「個人的には〜と思います」「私見ですが〜と分析します」などのフレーズを用いるといいでしょう。相手が事実と混同するリスクが減ります。

伝え上手を目指すなら、日頃から意識的に、**事実と意見を分けて考えるクセをつけましょう。**自分が話をするときはもちろん、人の話を聞くときや、何かしらの文章を読むときも、そのつど丁寧にふたつを見極めていきましょう。

事実と意見を分けて考えられる人は、周囲から信用・信頼される人です。

誤解を生む伝え方は避けよう

部署内の誰もが知っているけど…

本当に全員当てはまる?

A社もきっと似たような商品を出すでしょうから…

憶測で言い切って大丈夫?

意見を言うときは、前置きが大事

事実なの?　意見なの?
ふたつをしっかり分けて話す

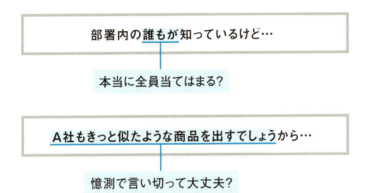

Basics of communication

14

ズバッと「ひと言」で言い切る。だから印象に残る

!

大事な内容が際立つ
最強テクニック

ついダラダラ話してしまう人におすすめ

伝える技術として重要なのは、「大事なこと」と「大事ではないこと」を理解すること。そのうえで、いかに「大事なこと」にポイントを絞って伝えるかです。

何かを説明するとき、長くたくさん話したほうが相手に伝わるだろうと思っている人は多くいます。しかし、どれだけ長く話しても、伝わらないものは伝わりません。むしろビジネスにおいて、ダラダラ話すのはタブーなのです。

次のAとBを比較してみてください。

A 今回の企画の狙いは、独身女性の取り込みです。

B 最近は、ひとりで買い物に出かける女性が増えつつあります。その背景として、女性の社会進出が関係していることがわかりました。今回の企画は、売上アップを目標にしています。ですので、自由にお金を使える独身女性の取り込みを考えています。独身男性は財布のひもが固い傾向にあります。

理屈をこねまわしたBは、結局、何が言いたいのか、今ひとつはっきりしません。一方、簡潔に言い切ったAのメッセージ（＝企画の狙い）は明快です。

このように、「それは◯◯です」と「ひと言」で言える人は、伝え方が上手な人です。なぜなら、物事には必ず核となる「大事なこと」があるからです。「ひと言」で言い切るというのは、この「核」を表現していくことにほかなりません。

ときには、どうしても「ひと言」で言い切れないこともあるかもしれません。とはいえ、まずは話の核をつかみ取って、それを伝えようとする姿勢が大切。**もし伝わりにくいようであれば、「ひと言」で伝えたあとに、補足説明をすればＯＫ**です。

冗長な話の欠点は、「大事ではないこと」の間に、肝心の「大事なこと」が埋もれてしまうこと。一方で、ひと言で言い切ることの利点は、「大事なこと」が際立つこと。もちろん、相手の印象と記憶にも残りやすくなります。

「この話をひと言で言い切るなら？」と、日頃から考えるクセをつけましょう。すると、簡潔でわかりやすい伝え方ができるようになっていきます。

ひと言で言い切ることができますか？

商品の魅力は？	持ち運び可能なことです
プロジェクトの目的は？	新規顧客の開拓です
企画のポイントは？	健康に興味を持ってもらうことです
A社の特徴は？	海外に強いことです
会議の意図は？	社員全員に周知徹底を促すことです

普段から、ひと言で答える
練習をしてみよう！

第3章

ヌケ、モレ、ミスのない文章に仕上げるコツ

Basics of communication

Basics of communication

15

文章における「言葉足らず」は命取り

!

その場で訂正や補足ができない。
だからこそ完璧な文章に仕上げる

読む人によって違う解釈ではアウト

私たちは、メール、日報、報告書、企画書など、日々さまざまな文章とかかわりながら仕事をしています。それゆえ、自分も相手もストレスなく、仕事を進められるよう、簡潔でわかりやすい文章を書いていかなければなりません。

まず、文章を書くときに心に留めておいてほしいのが、「文章は誤解されやすい」という前提です。会話の場合、表情やしぐさ、声の出し方などをフル活用して伝えることができます。しかし**文章の場合、文字のみですべてを伝えきらないといけません。**

そのため、自分の意図が伝わりにくいのです。

さらに、会話のように相手の反応に合わせて、その場で訂正や補足ができないのも文章の弱点です。

「A店の今月の売上は低調でした。来月は挽回を図るべく仕掛ける予定です」という文面のメールを送ったとしましょう。

この文章を読んだAさん、Bさん、Cさんは、次のようなことを思いました。
Aさん「おっ、ついに商品ラインアップを見直すようだな」
Bさん「おっ、いよいよ値下げをするのか」
Cさん「おっ、これまで控えていた広告を打つ気だな」
まったく異なる三者三様の解釈です。彼ら3人に罪はありません。読む人は、おのおの、与えられた文字情報で判断をしています。問題なのは、読む人に自分勝手な解釈を許した文章の伝え方にあります。
この場合、「A店の今月の売上は低調でした。来月は商品を値下げして、挽回を図ります」のように伝える必要がありました。

読む人の誤解を招く一番の原因は、「言葉足らず」がほとんどです。文章の場合、話すとき以上に具体的な表現を心がけなければいけません。**曖昧な言葉は使わず、細かく、丁寧に、しっかり明言するようにしましょう。**
「相手が知りたいこと」や「求めていること」を予測したうえで、それらを盛り込むことが「伝わる文章」に仕上げる秘訣です。

誤解のない文章に仕上げるには？

✕ 承知しました。結構です。

OKなの？ それともNG？
少しわかりにくい…

○ **承知しました。上記の内容で、問題ございません。**

✕ 送迎バスは、研修終了後に出ます。

何台出るの？ みんな乗れるの？
少しわかりにくい…

○ **送迎バスは、研修終了後1台だけ出ます（先着順）。**

「言葉足らず」は「配慮足らず」。
大事な話こそ、細かく、丁寧に！

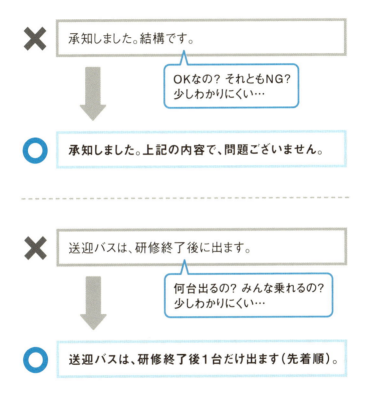

Basics of communication

16

一文は短く。ひとつの文にひとつのメッセージ

!

ポイントは「一文一義」。
短いから読みやすい

目安は60〜70字。箇条書きも有効活用

「一文一義」で書く。これが読みやすい文章を作るためのポイントです。

「一文一義」というのは、一文（句点が打たれるまでの文章）に盛り込む情報は、ひとつにしましょう、という意味です。

たとえば、会議の報告書。

> ✕本日の会議で取り上げられた議題は、次号の付録の選定と、巻頭特集の取材先の２点で、付録は、○○ブランドとコラボでポーチを作ることに決まり、取材先は、Ａ社とＭ社どちらにするか再検討することになりました。

１００字近くの長文で、「一文多義」の文章です。論理的な破綻こそありませんが、一文が長いため、「読みにくい」「内容をつかみにくい」「一度で理解できない」と感じるのではないでしょうか。

一文一義にすると、次のようになります。

○本日の会議で取り上げられた議題は、次号の付録の選定と巻頭特集の取材先の2点です。付録は、○○ブランドとコラボでポーチを作ることに決定。取材先は、A社とM社どちらにするか再検討することになりました。

全体を3つに分けた結果、先ほどよりも断然読みやすくなりました。この文章であれば、ストレスなく理解できるはずです。なお、書式によっては箇条書きも検討しましょう。

また、一文多義同様に、しばしば見かけるのが「主語と述語がねじれた文章」です。

×新設した顧客サービス部では、顧客満足度を高めるために、対面での対応はもちろん、メールやチャットを利用した対応です。

この文章は、主語と述語がねじれた状態です。「顧客サービス部では」という主語に、「対応です」という述語を組み合わせるのは不自然です。

ダラダラ文章は読みにくい

「暑さ対策スーツ」という新商品になりますが、ターゲットは30代男性で、都内在住のビジネスマンがメインですが、外回りなどの営業職の方には喜ばれるものになると思います。

一文一義を意識すると…

「暑さ対策スーツ」という新商品です。ターゲットは、30代男性です。とくに、都内在住のビジネスマンがメインになります。外回りなどの営業職の方に喜ばれると思います。

さらに、箇条書きにすると…

新商品：暑さ対策スーツ
ターゲット：30代男性、都内在住ビジネスマン
（とくに、外回り営業職向け）

短く言い切ると読みやすい。
「、」「。」「箇条書き」をフル活用

○新設した顧客サービス部では、顧客満足度を高めるために、対面での対応はもちろん、メールやチャットを利用した対応も行っています。

このように「顧客サービス部では（主語）〜行っています（述語）」という具合に、主語と述語を正しく対応させることによって、不自然さが消えました。

日本語は、主語と述語の距離が離れやすくなりがちな言語です。

そのため、一文が長くなればなるほど、「主語と述語のねじれ」が起きやすくなります。主語と述語のねじれを未然に防ぐためにも、「一文一義」を実践して、文章を短くつないでいく書き方を身につけましょう。

一文の目安は長くて60〜70字。70字を超えたら「**文章を分けることはできないかな?」「ムダな修飾語はないかな?」「主語と述語がねじれていないかな?」とチェックするクセをつけましょう。**

「、」があると、さらに読みやすくなる

また、読点（、）の打ち方も「伝わる文章」を書くうえで重要です。読点は自由に打つものではなく、意味に応じて打つものです。

> 弊社は「共生社会の実現」を使命に働く女性を応援している。

この文章で「共生社会の実現」を使命にしているのは「弊社」でしょうか？ それとも「女性」でしょうか？ 次のように読点を入れると、はっきりします。

> 弊社は「共生社会の実現」を使命に、働く女性を応援している。（「弊社」の場合）
> 弊社は、「共生社会の実現」を使命に働く女性を応援している。（「女性」の場合）

そもそも読点は「多い・少ない」で考えるものではありません。大切なのは、読む人にとっての「理解のしやすさ」と「読みやすさ」であると心得ておきましょう。

Basics of communication

17

こんな書き方だと誤読される！典型的なパターン

！

修飾語と被修飾語。主語と述語。
つながる言葉同士は近づける

言葉の順番、考えて書いていますか？

「修飾語」と「被修飾語」が離れすぎていると、誤読や誤解を招きやすくなります。難しい話のように聞こえますが、例文を読むとわかりやすいでしょう。

✕ いつものように、商品の出荷作業を手早く済ませて、制作室にうかがいます。

この文章では、「いつものように～手早く済ませて」とも読めますし、「いつものように～制作室にうかがいます」とも読めます。

前者であれば、「制作室に来る前は、いつも出荷作業をしているんだな」と思うでしょうし、後者であれば、「いつもの時間に制作室に来てくれるんだな」と思うでしょう。「いつものように」がどちらに掛かるかによって、相手が受け取る意味合いは変わってきます。

読む人の誤解を招く文章になってしまった原因は、「修飾語（いつものように）」と「被修飾語（制作室にうかがいます）」が離れすぎてしまった点にあります。

○ 商品の出荷作業を手早く済ませて、いつものように制作室にうかがいます。

このように、修飾語と被修飾語を近づければ、誤読される恐れはありません。

仮に「いつものように」に対応する被修飾語が「出荷作業を手早く済ませて」だとしたら、「いつものように」の直後に打っていた読点を省いて「いつものように商品の出荷作業を手早く済ませて、制作室にうかがいます」とすればいいでしょう。

また、「主語」と「述語」を近づけるのも、わかりやすい文章に仕上げる大事なポイントになります。

× 私は、AさんがBさんがCさんが統括するプロジェクトに抜擢されたと報告したとうかがいました。

これでは、何のことだかよくわかりません。

とくに登場人物が多い場合、意識して主語と述語を近づける必要があります。

△ Cさんが統括するプロジェクトにBさんが抜擢されたとAさんが報告したと、私はうかがいました。

これで少し読みやすくなりました。

でも、まだ一度で理解するには困難です。

○「Cさんが統括するプロジェクトに、Bさんが抜擢された」とAさんが報告した。私はそのようにうかがいました。

これで、やっと内容がわかりました。

読点を打って文章を分けるほか、「カッコ書き」などを用いて、視覚的に情報の区切りを明確にすると、読みやすくなります。

このように、さまざまな工夫を凝らして、読みやすい文章に仕上げるのが、書き手の役割です。

Basics of communication

18

紙1枚にまとまらないなら、とことん削る覚悟で

!

ビジネス文書の
基本中の基本

やみくもに書き始めるのではなく、まずは項目出しから

ビジネス文書に求められること、それは「紙1枚にまとめる」スキルです。これは、報告書、提案書、始末書、依頼状など、すべてにおいて言えることです。

ときに、3枚も4枚も文書を綴ってくる人がいますが、これは自己満足でしかありません。

1枚にまとめるうえで有効な方法が「項目分け」です。あらかじめ必要な項目を書き出したうえで、その項目に適した情報を盛り込む、という書き方です。

その結果、読みやすく、モレのないビジネス文書に仕上がります。

たとえば、事故報告書の場合。

①発生日時
②発生場所
③事故の状況

④事故の原因
⑤事故の対応
⑥今後の対策

というように、項目を立て、それから文章を書いていくのです。すると、見やすく、わかりやすい文書になり、さらに、ヌケ、モレも防ぐことができます。

もちろん、「項目分け」するからには「項目」の選定を誤ってはいけません。

たとえば、前述の事故報告書には、「事故による損失」の項目を入れていません。なぜなら「報告書を見る人がその情報を欲していない」と判断したからです。

このように、**読む人が求めていない情報（不要な項目）を省くことは重要**です。不要な情報（項目）はノイズにほかなりません。参考程度に伝えておいたほうがいいという情報は、追記、もしくは添付資料として、提出するのがいいでしょう。

「項目分け」は、読む人への配慮であると同時に、興味と理解度を高める賢い方法でもあるのです。

紙１枚だから読んでもらえる

1枚にまとめる

項目分けをする

事故報告書

1 発生日時	2019年 1 月31日（木） 午前 11 時 15 分〜午後 1 時 10 分
2 発生場所	○○第三工場
3 事故の状況	午前11時15分、突然、商品Ａのベルトコンベアが停止する。
4 事故の原因	ベルトコンベアを制御するコンピューターに備わっているセキュリティシステムの誤作動。
5 事故の対応	午前 11 時 20 分、該当するコンピューターの保守責任者Ｚ社に連絡。同55分、担当技術者が工場に到着。点検の結果、セキュリティプログラムのバグを発見。ただちに修復する。
6 今後の対策	担当技術者によると、今回発見されたバグが再び発生する確率は０％とのこと。ただし、念のため、工場内にあるＺ社担当のすべてのコンピューターの点検をお願いした。 2月14日(木)までにすべての点検を終える予定。

必要なら、
追記や添付資料も活用

つい盛り込んでしまうもの。
だからこそ意識して、簡潔にまとめる

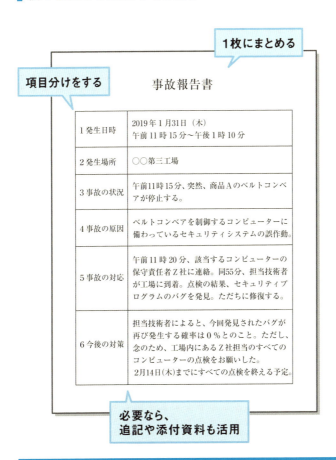

Basics of communication

19

文章の見直しにこそ、最大の時間をさく

!

「時間をあける」「印刷する」「声に出す」でミスゼロへ

書きっぱなしで提出するのは御法度

伝わらない文章を書いている多くの人が、文章を書きっぱなしにしています。文章は、「書く」だけでなく、「読み返す→直す」のプロセスも含めて「文章作成」だと肝に銘じておきましょう。

私が提唱しているのが、**「情熱で書いて、冷静で直す」**という書き方です。

「情熱で書く」では、とりあえず、細かいことは気にせず、書くべきことを一気に書き上げます。このとき、情報のモレがないよう、箇条書きのようにどんどん書き出していくのもおすすめです。文章量は、仕上がりイメージより多めになるでしょう。

「冷静で直す」では、頭のスイッチを「書き手→読み手」に切り替えて、文章を読み返します。このとき、とくにチェックしたいのが、「誤解のない文章か」「相手に伝わる文章か」です。多めに書いた分、ムダな言葉や言い回しはカットしていきましょう。

あわせて、「読み返す→直す」の効果をより高める、3つのコツがあります。

①時間をあける

文章を書いてから時間をあければあけるほど、頭が「読み手」に切り替わりやすくなります。時間がないときは、「書く→電話を1本かける→読み返す」のように、数分でもいいので、何か違う作業をするといいでしょう。

②印刷する

印刷して紙を見ると、不思議なことに見え方がガラリと変わります。PC画面と違い全体が見え、見た目の読みやすさやバランスなどをチェックすることができます。

③声に出す

黙読の場合、文章を流し読みしてしまうことも少なくありません。一方で、文章を口に出すと、言い間違いや誤字脱字に気づきやすくなります。

勇気を出して**「誰かに読んでもらう」のもおすすめ**です。自分では気づかないような間違いに気づいてくれることも。他人から指摘される機会が多ければ多いほど、文章力はアップします。先輩や同僚に読んでもらい、忌憚のない意見をもらいましょう。

読み返す作業をはぶかない

書く

- □ 細かいことは気にせず、書き上げる
- □ 箇条書きでもOK

↓

時間をあける
印刷する
声に出す

読み返す・直す

Check ✓

- □ 情報モレはないか
- □ ムダな言葉はないか
- □ わかりやすく、具体的か
- □ 読みやすい流れか
- □ 読みやすい見た目か
- □ 誤字・脱字はないか

誰かに読んでもらう
のもひとつの手

**これで、誰が読んでもわかりやすい、
完璧な文章に仕上げることができる**

Basics of communication

20

メールの読みやすさは、開いて1秒で決まる

!

余白のバランスがすべて。
たかがメールと思わず、工夫を凝らそう

ポイントは「改行」「1行あき」「ひらがな」

「黒っぽい文章」は読みにくく、「白っぽい文章」は読みやすい。とくにメール文章を書くときには、この原則を頭に入れておきましょう。

「黒っぽい」文章とは、文字が詰まって黒っぽく見える文章のこと。一方、**「白っぽい文章」とは、適度に余白のスペースがとられており、視覚的な圧迫感の少ない文章**を指します。

「白っぽい文章」にするポイントは、次の3つです。

①早めに改行する

メールの場合、長くても1行30字程度にしましょう。文章が横に長くなるほど読みにくさは増し、読む人の心理的負担も大きくなります。区切りのいいところで改行し、スムーズに読んでいけるような工夫をしましょう。また、情報量が多いときは、箇条書きも有効です。

②空白の行を入れる

情報の区切りごとに空白の行を挟むことで、視覚的な圧迫感が軽減されます。また、区切りがわかることで、パッと見た瞬間に、「どこに何が書かれているか」がつかみやすくなります。書面では、空白の行を頻繁に挟むのはタブーですが、メールだとむしろ歓迎されます。できれば、4〜6行に一度は空白の行を入れるのが理想です。

③あえて、漢字をひらがなにする

たとえば、「頂き→いただき」「有難うございます→ありがとうございます」「宜しくお願い致します→よろしくお願いいたします」「事→こと」「中→なか」など、一部の漢字をひらがなに変更すると、読みやすくなります。ひらがなは、硬さを消して、やわらかい印象になります。

ただし、ひらがなを多くしすぎると幼い印象になることがあります。漢字とひらがなの割合は、「漢字3：ひらがな7」を目安にしましょう。

伝わる文章を書くうえで、**読む人に視覚的なストレスを感じさせない心配りは、極めて大切**です。メールを開いた瞬間、「わぁ、読みたくない」と思われないように、3つの工夫を意識したいですね。

読んでもらえるメールとは？

宛先：○○株式会社 白井部長

件名：Re:10日（水）親睦会の詳細

○○株式会社
白井部長

お世話になっております。
早速ご返信をいただき、ありがとうございます。

10日（水）の親睦会にご参加いただけるとのこと、
ご多忙のなか、ご調整くださり、心より感謝申し上げます。

下記、詳細でございます。

日時：9月10日（水）17時～
場所：○○（大手町駅B1出口より徒歩5分）
会費：5,000円

ご確認のほど、よろしくお願いいたします。

＝＝＝＝＝＝＝＝＝＝＝＝＝＝＝
株式会社△△
営業部　関山太郎
sekiyama@XXX
tel 03-0000-0000

1行30字程度。早めに改行

1行あける

箇条書き

漢字をひらがなに
- ほど（×程）
- よろしく（×宜しく）
- いたします（×致します）

見た目を整えることで、最後までしっかり目を通してもらえる

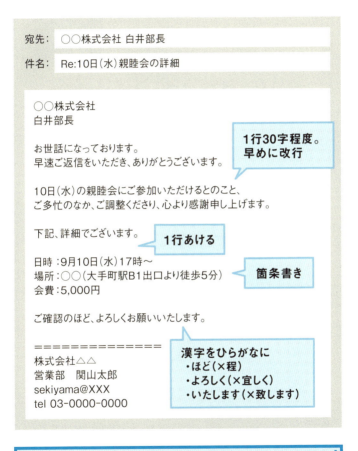

Basics of communication

21

ビジネス上級者ほど、最初と最後で手を抜かない

!

件名だけで、本文の内容が
わかるようじゃないとダメ

「挨拶」や「名前」だけの件名は不合格

「お疲れ様です」「山口です」「報告書」「お世話になります」「ご依頼」など、仕事でメールを送るときに、このような件名を付けていませんか？

これらは、メール受信者に対して不親切な「伝わらない件名」です。

受信者に親切な件名とは、一目見た瞬間に、そのメールに何が書かれているかがわかるものです。

「東京リハビリ研究所様のプレゼン概要」「新商品Aのデザイン案のご確認」「3月12日販売企画会議のレジュメご送付」「港区・新庄邸のお見積り修正」などの件名であれば、すぐに何のメールかがわかります。読む人が誤って「ゴミ箱」や「迷惑フォルダ」に入れてしまう心配もないでしょう。

これくらい具体的な件名であれば、相手があとで「あのメールはどこにあったっけ？」と探すときにも、手間なく見つけ出すことができます。自分が探したいときにもわかりやすいでしょう。

何を「よろしくお願いいたします」なのか？

メールでは「結びの言葉」も大切です。結びの定番といえば「よろしくお願いいたします」ですが、このフレーズだけに頼るのは危険です。

・ご確認のうえ、修正点をお知らせください。よろしくお願いいたします。
・事前に資料をお目通しいただけますよう、よろしくお願いいたします。
・契約書に署名捺印のうえ、ご郵送いただけますよう、よろしくお願いいたします。

このように、**相手に何かしらの行動を望むのであれば、〝何を〟「よろしくお願いいたします」なのか、具体的に書き添える**のがいいでしょう。

気持ちのいいメールを送ってくれる人は、いつも「はじめ」と「おわり」を手抜きしません。一回のメールで、一度読むだけで、相手が理解できるようなメールを送りたいですね。

はじめとおわりで手を抜かない

■ 件名

✖ お見積り	○ 商品Aのお見積り(修正版)
✖ 議事録	○ 3月12日企画会議の議事録
✖ 新規ご依頼	○ ○○社ウェブデザインの新規ご依頼

■ 結びの挨拶

✖ よろしくお願いいたします

→

○ ご確認のうえ、修正点をお知らせください。よろしくお願いいたします。

○ 資料をお目通しいただけますよう、よろしくお願いいたします。

○ ご郵送いただきたく、よろしくお願いいたします。

これなら、ゴミ箱や迷惑フォルダにはいかないはず!

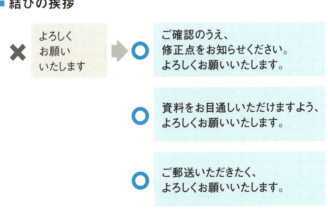

Basics of communication

22

どんなとき も「よろしければ」の 気遣いが大事

!

相談、依頼、質問…。
内容が和らぐひと言

クッション言葉、あるとなしでは雲泥の差

メールというのは、「気遣い」を伝えるのがとても難しいツールです。なぜなら、気遣いというのは、その人の表情や声色から伝わる部分が大きいからです。たとえば「申し訳ない」という気持ちは、申し訳なさそうな表情をすることによって、より伝わるものです。

くり返しになりますが、残念なことに、文章では表情や声色が使えません。つまり、**「気遣い」を伝えるためには、単純に、言葉を工夫しなければいけない**のです。

相手のことを思い、気遣いを伝えるための言葉として有効なのが「クッション言葉」です。クッション言葉とは、相談、依頼、質問、反論、意見、指摘、謝罪など、さまざまなケースで使うことができる、いわば「前置き」です。

これを使うことによって、言いにくい言葉が伝えやすくなるほか、強めの言葉も和らぐ効果があります。書き手の印象も格段によくなります。

・（お忙しいところ誠に恐縮ですが）、本日中にご返信をいただければ幸いです。
・（たいへん不躾なお願いではございますが）、お時間をいただけないでしょうか。
・（誠に申し上げにくいのですが）、いただいた資料に誤りがございます。
・（差し支えなければ）、価格をお教えいただけませんでしょうか。
・（ご迷惑でなければ）、ご一緒にいかがでしょうか。
・（誠に残念ながら）、今回はご協力いたしかねます。

カッコ内がクッション言葉です。ある場合、ない場合で、ぜひ読み比べてみてください。受け取る印象がかなり変わります。クッション言葉は、相手の気持ちに寄り添う魔法の言葉。より誠実で、物腰の柔らかい印象になるのが特徴です。

もちろん、スピードを重視する社内での連絡など、内容だけ伝わればＯＫという場合は、この限りではありません。しかし、**メール内にひとつでもクッション言葉があると、イメージは断然良くなります。**急いでいるから、面倒だからという理由で、そのひと手間を惜しんではいけません。

クッション言葉を使いこなす

■ 依頼・質問するとき

- お忙しいところ（誠に）恐縮ですが～
- 誠に勝手なお願いですが～
- 突然のお願いで、お手数をおかけいたしますが～
- たいへん失礼ですが～
- 差し支えなければ～
- もし可能でしたら～

■ 断るとき

- あいにくですが～
- 残念ながら～
- 心苦しいですが～
- ありがたいお話ですが～
- お役に立てず、申し訳ございませんが～

■ 反論・意見・指摘をするとき

- たいへん失礼と存じますが～
- 誠に申し上げにくいのですが～
- おっしゃることは重々理解しておりますが～
- 僭越ながら～

ひと言添えるだけで、
印象は驚くほど良くなる！

Basics of communication

23

パワポは見た目が9割。文字量は最低限で

!

写真、図、グラフ、穴埋め…。
工夫次第でプレゼンは成功する

詳しい説明は口頭で伝えればOK

世の中には、伝わらないパワーポイント（以下、パワポ）の資料が少なくありません。なぜ伝わらないかというと、多くの場合、情報量が多すぎるうえ、視覚的な工夫が凝らされていないからです。

せっかく手間ひまかけて作っても、パワポを読む人が理解しにくい、あるいは、ストレスを感じているようでは本末転倒です。

パワポを作るときには、とにもかくにも「わかりやすさ」を追求しましょう。そもそも**パワポは、「読ませる」ものではなく「見せる」もの**です。

そのポイントは、３つ。

①文字は大きく
②色分けをする
③文章ではなく「キーワード」で伝える

とくに、①文字の大きさは超重要。私の場合、大きなキーワードであれば100ポイント以上の文字を使い、小さい文字も35ポイント以下にならないよう注意しています（もちろん例外はあります）。

大きい会議室などでプレゼンするときは、文字は大きければ大きいほど喜ばれます。文字が小さくて見えにくいと感じるだけで、聞き手のモチベーションは低下するので注意しましょう。

②色分けなど、視覚的要素も手を抜いてはいけません。モノクロではなく、カラーで仕上げるのが基本。ただし、色を使いすぎてゴチャッとなるのはＮＧ。色分けの効果を最大化するためには、黒以外に２～３色がベターです。

③キーワードのみを載せるのも、「見せるパワポ」の原則です。伝えるポイントを厳選して、できるだけ簡潔に仕上げます。読み手の理解を下げかねない〝ノイズ〟を断捨離して、伝えるべきメッセージを光らせましょう。

詳しい説明や補足をする場合は、口頭や別資料で伝えればＯＫです。

見せるパワポの作り方

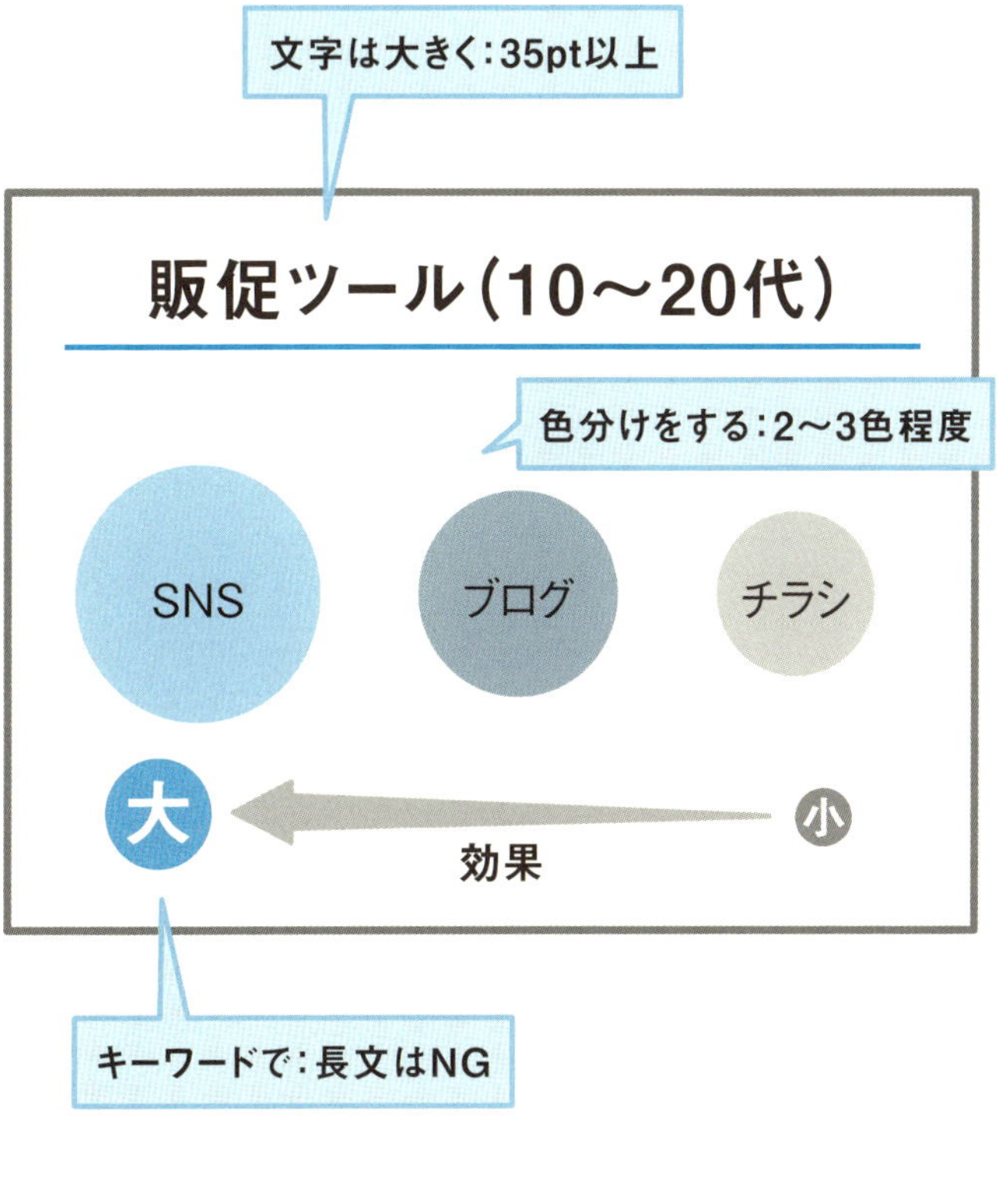

見て3秒で理解できる。
パワポはとにかく見た目重視！

ワクワク感も大事な要素

学習ドリルのように**「あえて書かない部分（穴埋め）」を作る、というテクニックもあります。**

「穴埋め」を用意することによって、聞く人の興味をそこに集中させるのです。「どんなキーワードが入るんだろう」というワクワク感だけでなく、「答えを見（聞き）逃してはいけない」という緊張感が生まれ、聞き手の集中力と理解度が高まりやすくなります。

あわせて、**写真や図、グラフなどを入れるのもおすすめです。**「見やすさ」と「理解しやすさ」という視覚的な効果がダブルで期待できます。

パワポの作り方に、唯一の正解はありません。常に、どうやったら伝わるだろうか、どうやったら相手は満足してくれるだろうか、と考えて作ることが大事です。

くれぐれも、自分が書きたい情報を好き勝手に盛り込んで、悦に入らないように注意しましょう。

第 4 章

今より3倍伝わる!
意外と知らない
話し方のテクニック

Basics of communication

Basics of communication

24

言葉だけに頼るから伝わらない

!

身振り手振りで思いを伝える

「表情」「ジェスチャー」を最大限に取り入れる

伝え方で大切なのは、今までお話ししてきた「言語情報」だけではありません。

実は、それ以外の「非言語情報」もとても重要な役割を担っています。

「非言語情報」とは、表情やジェスチャーなどから伝わる情報のこと。相手から受け取る情報の93%以上が「非言語情報」という、心理学のデータもあるほどです。

たとえば、あなたの彼女や彼氏が目を細めながら、やや強めの口調で「怒ってなんかないよ」と言ったとします。あなたはどう判断しますか? おそらく「怒っている」と判断するはずです。**言葉そのものではなく、表情や声色、態度などから相手の本音を読み取っている**のです。


次の①と②、あなたなら、どちらの人に好感を持ちますか。
①表情が暗く、声が小さめで聞き取りにくい
②口角が上がり、表情が明るく、声もハキハキして聞き取りやすい
当然ですが、②のほうが好印象で、信頼感もありますよね。

なかでも〝印象〟と直結する表情（笑顔）は、かなり大きな判断材料になります。

意外と多いのが、自分では笑顔だと思っていても、人からは笑顔と思われていないケースです。鏡で確かめれば一目瞭然。できれば1日1回、自分の笑顔を確認してみましょう。**ポイントは、口角を上げることと、目の下の筋肉を動かし緩めること**です。これで、印象は断然良くなります。

また、表情と同様に、身振り手振りの「ジェスチャー」も大事な要素。

たとえば、「がんばります」と同時に拳をギュッとする。「実は3つあります」と同時に3本指を立てる。「可能性は無限大です」と同時に手を広げるなど、**話す内容に合った動きをつけることで、わかりやすさと信頼性が格段にアップします。**ほかにも、言葉の印象を強める、自信があるように見える、話し手自身の緊張がほぐれるなど、ジェスチャーには、さまざまなメリットがあります。

言うまでもありませんが、「有効なジェスチャー」と「ムダな動き（クセ）」は似て非なるもの。やたらと髪の毛や顔を触る、腕を組む、小刻みに揺れる、いすにもたれかかるなどは、大きく印象を下げますので、あわせて注意したいですね。

ジェスチャーをプラスしよう

気持ちを込めるとき

拳をギュッと握る

誠実さ、正直さを示したいとき

手のひらを相手に見せる

自信を伝えるとき

人差し指を立てて
胸の前で前方に
強く突き出す

安心を伝えるとき

手をそっと胸に当てる

さらに説得力が増す。
ジェスチャーは大いに活用すべき

Basics of communication

25

声の大きさ、トーン、ペースを意識して話す

「一度で聞き取れる」が大前提

会話のキャッチボールがうまくいくコツ

伝えるとき、つい見落としがちなのが「声」の使い方です。人によって高い、低いなどいろいろな特徴はありますが、すべての人が気をつけるべきポイントはふたつ。①声の大きさと、②声のトーンです。

もちろん、小さいよりは大きな声、暗めよりは明るめがベストです。ただ、1対1で話すときには、相手に合わせてこのふたつを変化させると、印象が良くなります。相手にペースを合わせることから、心理学用語では「ペーシング」といいます。

声が大きい相手には、自分も大きな声で話す。声のトーンが暗めの場合には、自分も暗めの声で話すなど、その逆もしかり。**声の大きさやトーンをペーシングすることによって、相手に「話しやすい人だ」と感じてもらいやすくなります。**ひいては、それが相手の安心感につながり、信頼関係の構築に一役買うのです。

反対に、相手のことを無視して自分のペースで話してしまうと、波長がズレるため、相手は違和感を覚え、「話しづらい」と心理的に判断してしまうことがあります。すると、内容はさておき「あの人とは話が合わない」となってしまうのです。

「早口で聞き取れない」は、大きなストレスに

また、相手に嫌がられる話し方のひとつに「早口」があります。早口の原因は、「ちゃんと話さなくてはいけないという強迫観念」「何か（不安など）をごまかそうとしている」「もともと知識が豊富で、頭の回転も早い」など、さまざま。いずれにしても、早くて聞き取りにくいというのは、相手にとって大きなストレスです。

大勢の前で発表する場面などで、緊張して早口になるケースもあります。自分の話や原稿ばかりに集中しすぎると、先へ先へと話を進めてしまうものです。ここまで話したら、ひと呼吸置いて全体を見よう、など、自分なりのルールを作っておくといいかもしれません。話にメリハリも生まれます。

どんなに内容がすばらしくても、「相手に伝わらない」というのは致命的です。

相手の表情が曇ったり固まったりしていたら「早口になっているのかも？」と自分に問いかけてみましょう。その瞬間から、早口にブレーキがかかるはずです。

波長を合わせるといい

相手が大きな声 → 同じように大きな声で

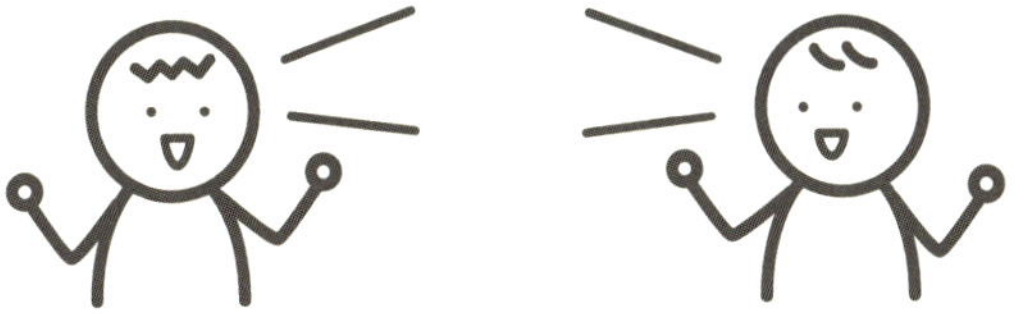

相手が低いトーン → 同じように低いトーンで

相手の表情が固まる → 早口にならないよう注意

相手が安心する話し方を
いつも心がけよう

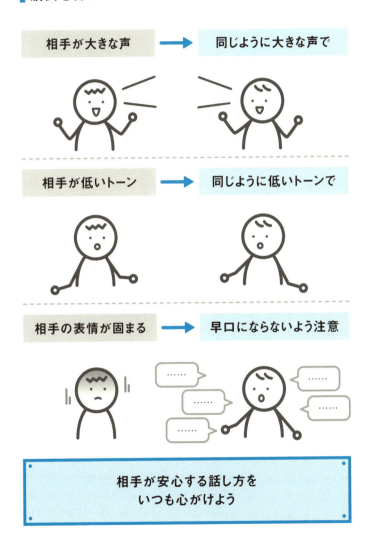

Basics of communication

26

少なくとも5秒！相手の目をじっと見る

！

聞き手が多くても少なくても、
一人ひとりと目を合わせるのが鉄則

目が合わないと、いろいろ勘ぐってしまうもの

聞き手と目を合わせること、つまり「アイコンタクト」は、内容をしっかり伝えるうえで必須要素です。

話し手が目線を合わせないと、この話は信頼できるのかな、不安なことでもあるのかな、自信のない内容（提案）なのかな……と相手はいろいろ考えてしまいます。それはある意味、当然のことです。なぜなら、目線が持つ力は重大だからです。

できれば、話をする際に、最低でも5秒以上、相手の目を見るようにしましょう（ぎこちない雰囲気が生まれたら、さり気なく目線を外してから再び戻します）。5秒は決して短い時間ではありません。ですが、**このアイコンタクトによって「しっかり伝えようとしている」「自信を持っている」と相手は安心するはずです。**

緊張して、またはあがり症で、目を合わせられないという方もいるかもしれません。しかし、目を合わせられないのは、自分に意識が向いているからです。話は誰のためにするのでしょう？　それは相手のためです。「人に見られる」と思うのではなく、

「人を見る」という立場になって、相手と話すことが緊張をとくカギです。

1対1の場面だけでなく、大勢の前でも同様。**もし目の前に5人いるとしたら、一人ひとりとしっかりアイコンタクトをとりながら話を進めましょう。**すると、5人全員が「この人は自分に話をしている」と思い、耳を傾けてくれます。全員に「当事者意識」を持ってもらうことが、全員に「伝える」秘訣です。

また、プレゼンなどで聴衆が10人、20人、それ以上いる場合は、「8の字」の視線が使えます。最初は後方右端の人と目を合わせて、そこから、「8の字」を描きます。すると、会場全体にまんべんなく視線を送れるため、その場にいる人たちが「この人は、会場全体を見て、話してくれている」と感じ、雰囲気の良いプレゼンになります。

また、目線の移動は、慌てずゆっくりしましょう。私の経験上、自分が思っている以上に「ゆっくり」でOK。早く動かしてしまうと、落ち着きや余裕がないと思われてしまいます。

アイコンタクトは、相手に「伝える」うえで重要な役割を担っています。まっすぐ見つめるその視線は、あなたの話をより印象深くしてくれるはずです。

アイコンタクトのポイント

■1対1の場合

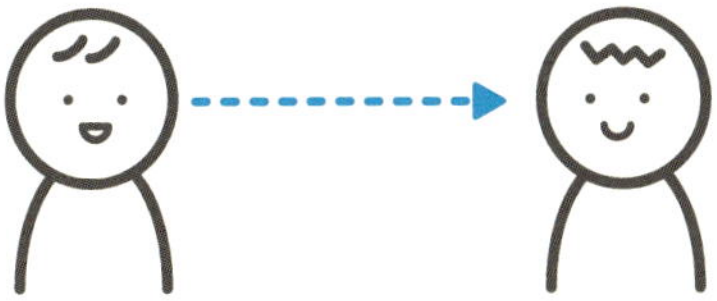

最低でも
5秒以上
相手の目を見る

■1対数人の場合

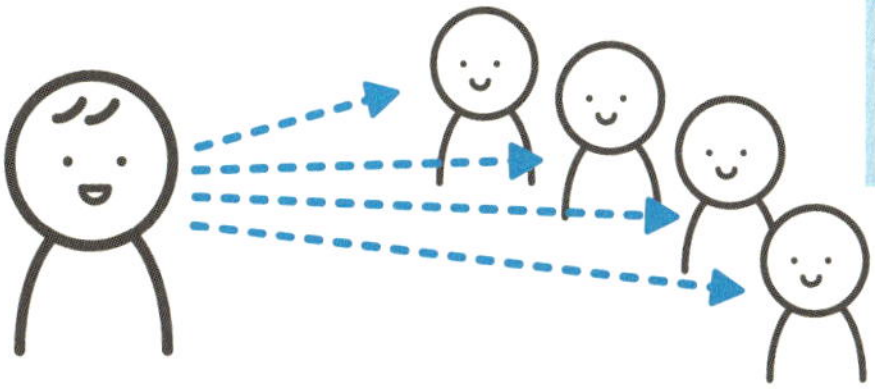

一人ひとりと
目を合わせる

■1対10人以上の場合

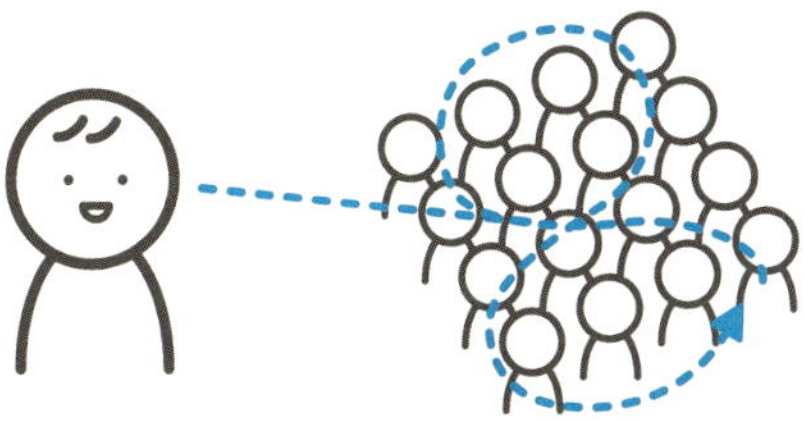

8の字を
描いて見渡す

目を合わせて伝えると、相手の心にしっかり届く。
相手が1人でも複数でも基本は同じ!

Basics of communication

27

自分の口グセに気づいていない人が大多数

!

クセに気づくこと。
そしてすぐに直すこと

「おそらく」「たぶん」は不安にさせるだけ

①「明日の夕方には、おそらく間に合うと思います」
②「明日の夕方には、間に合わせます」

間違いなく②のほうが、力強くて好印象ですよね。

第2章でもお伝えしましたが、曖昧な言い回しは信頼度を下げます。

①の「～と思います」という表現が、すべて悪いわけではありません。しかし、**毎回曖昧な言い回しばかりしていると、周囲から「自信のない人」「責任逃れが上手な人」と思われる可能性があります。**

とくに、「おそらく」「たぶん」「～のような気がします」などが口グセになっている自覚がある人は、今すぐ改めましょう。

もちろん、「必ず成功させます！」と断言するのは勇気がいることです。しかし、だからといって「成功するかはわかりません」「失敗するかもしれません」と及び腰な発言ばかりしていては、相手を不安な気持ちにさせてしまいます。

成功させるための努力は怠らないという心意気を示したうえで、「成功させます！」と断言するほうが、相手は安心して「この人に任せよう！」「この人と一緒にがんばろう！」と思うのではないでしょうか。断言することは、あなたのモチベーションにもつながるはずです。

ムダな言葉は、ばっさりカット

あわせて気をつけたいのが、ムダな言葉や言い回しです。

たとえば、文と文の間につい入れてしまう「あー」「えー」「まあ」「そのー」などの言葉。話し手は意識せずに使っているのかもしれませんが、多用しすぎると、耳障りなノイズになりかねません。大事な内容も頭に入りにくくなります。

また、「マジです」「ふつうにいいですね」「超、変な感じでした」「かわいい系です」「何気にできます」「リアルに」「ガチで」などの若者言葉も、ビジネスシーンでの使用は言語道断です。

伝え方が上手な人ほど、相手の耳に「不快なノイズ」や「軽々しい言葉」が入らないよう注意を払っています。その努力が、話し方の印象を高めているのです。

ビジネスでは避けたい言い回し

✕ 曖昧な言葉	たぶん、おそらく、なんとなく、 ～のような気がします
✕ 意味のないつなぎ言葉	あー、えー、まあ、そのー、 えーっとですね
✕ 若者言葉	マジで、ふつうに、超、○○系、 ○○的に、リアルに、ガチで
✕ 話し方のクセ	「今日もー○○でーそのあとー」 ➡ **語尾を伸ばす** 「～だと聞きまし…た…」 ➡ **語尾が小さくなる** 「○○ですね、○○してからですね、そうですね」 ➡ **最後にいつも「ね」がつく**

万人に聞きやすい話し方を目指そう。
品位を下げかねない言葉はシャットアウト!

Basics of communication

28

思わず話に引き込まれる「間」の活用

!

慌てずに、焦らずに。
上手な「沈黙」の使い方

デキる人がやっている上級テクニック

プレゼンなど、何かを提案したり発表したりする場面。声の大きさや話すスピードをコントロールする以外にも、伝え方がうまい人たちがやっているテクニックがあります。それは、「間（ま）」の活用です。

「間」を入れるのは、文章でいうところの「、」や「。」などの区切りです。次の３つの「間」を効果的に使ってみましょう。

①相手の反応を確かめるための「間」
②言葉を強調したいときの「間」
③早口になりすぎないようにするための「間」

①は、「〜という具合に、健康面への配慮も行き届いた商品でございます……（間）」など、説明や報告がいったん終わったあとに入れる間です。ここでは、相手が理解しているか、納得しているかを確かめます。もしも相手が十分に理解・納得していない

ようであれば、次の話に移る前に、しっかり補足説明をしましょう。理解・納得していない相手を置き去りにしてはいけません。

②は、「結果は……（間）合格でした」というような間です。空白の時間があることで、大事なメッセージが光ります。少しの沈黙をはさむことで、相手の期待感が高まるほか、次の言葉を聞き取ろうという集中力も増します。

③は、早口防止の間です。皮肉なことに、早口になればなるほど、聞き手の理解度は下がります。「聞き取れない」と思った瞬間から、聞く気をなくす人もいます。とくに長い説明や提案をするときには、何度か間を入れること。話し手にとっては、その先の話を整理する貴重な〝予習時間〟にもなります。

お気づきのように、「間」は、相手の関心を引く有効な演出方法でもあります。**「話にもっと興味をもってもらいたい」というときこそ、積極的に活用しましょう。**

さらに、意識的に「間」を入れることによって、自分に余裕が生まれ、まわりからも、余裕と自信があるように見えます。「間」はあなたを不安に陥れる敵ではなく、頼るべき味方。伝え上手を目指すなら「間」と仲良くなりましょう。

「間」の活用術

❶相手の反応を確かめる「間」

❷言葉を強調する「間」

❸早口にならないための「間」

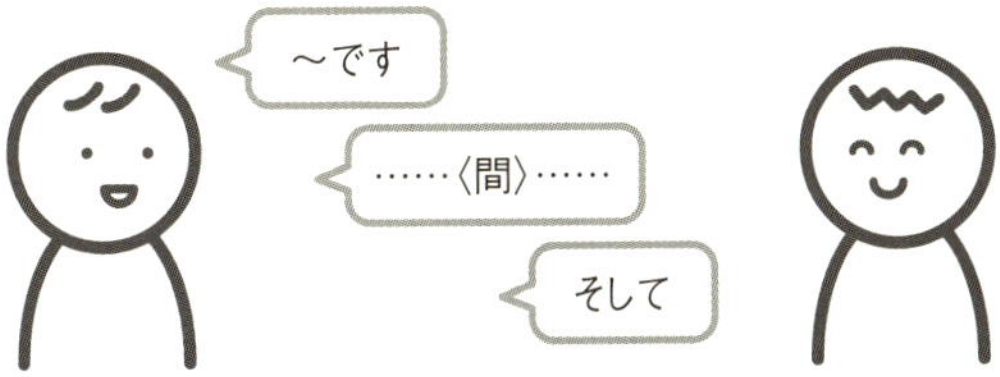

「間」を有効活用すると、
相手の理解度はさらに深まる!

Basics of communication

29

プレゼンの練習量と成功率は比例する

!

練習しなければ上達しない。
「ぶっつけ本番」は大失敗の元

スティーブ・ジョブズ氏でさえも、丸2日練習していた

プレゼンの名手として知られる故スティーブ・ジョブズ氏は、商品発表のプレゼンのリハーサルに、丸2日を費やしたといいます。わかりやすく人を惹きつけるプレゼンを支えていたのは、その陰で行われていた「練習」だったのです。

プレゼンというのは、その場でやり取りする会話とは異なります。言うなれば「ショー」。お客様が入ったホールの舞台で、あなたはショーを披露するのです。舞台でショーをするのに、リハーサルをしない人はいないでしょう。

しかし、ことビジネスシーンになると、たいしてリハーサルをせずに、プレゼン（ショー）の本番にのぞむ人が少なくありません。彼らは、その場の成り行きで話をするため、「残念な結果」を招いてしまうのです。

たとえば、大事な情報を伝え忘れる、同じような話を何度もくり返す、途中で話が止まる、話がわき道にそれる、あたふたして落ち着きがない……など。その結果、プレゼンが大成功に終わることはほとんどありません。

プレゼン本番では、話の内容と流れは、あらかじめ頭に入っていなければなりません。リハーサルは、伝え方の〝自動運転状態〟を作る場と考えてください。

リハーサルで、チェックするポイントは6つ。

①話の内容と流れ（内容は過不足なく盛り込まれているか／わかりやすい順番か）
②声の出し方（大きさ、トーン、ペース+滑舌良くはっきりと）
③目線、アイコンタクトの確認（原稿やメモなど、下ばかり見ないように注意）
④表情をつける（明るい内容は笑顔で、シリアスな内容は真剣顔で）
⑤ジェスチャーをつける（光らせたいメッセージは、身振り手振りで強調する）
⑥「間」を入れる箇所を決める（前項の「3つの間」を活用する）

リハーサルの回数とプレゼンの成功率は比例します。なぜなら、リハーサルをすればするほど、心配事や不安が消えて、自信がついていくからです。こうして得た自信は、信頼感、安心感として聞き手に伝わります。

また、**あがり症の克服にも、リハーサルが効果てきめんです。**「準備=心の余裕」です。原稿やメモに頼っているうちは、伝え方のスキルは磨かれていきません。

リハーサルでのチェック項目

Check ☑

- ☐ 話の内容と流れ

- ☐ 声の出し方

- ☐ 目線、アイコンタクトの確認

- ☐ 表情をつける

- ☐ ジェスチャーをつける

- ☐ 「間」を入れる箇所を決める

これで大丈夫!
安心して本番を迎えよう

第 5 章

100%自信を持って伝えるために、すべき準備とは？

Basics of communication

Basics of communication

30

どうしてうまく伝わらない？それ情報不足かも

!

キーワードを書き出すことがはじめの一歩

芸人さんのまわりに、おもしろい話が転がっているのはナゼ?

伝えベタの人の中には、伝え方以前の問題を抱えている人もいます。

その一番の問題が、情報不足です。情報が不足していると、どんなにがんばっても物足りない伝え方になってしまいます。過不足なく伝えるためには、手元に十分な情報をそろえておく必要があるのです。

そこで、おすすめなのが、情報収集のアンテナを張るという意識・習慣です。

テレビで、芸人さんのトークを聞きながら、「どうして芸人さんのまわりには、いつもおもしろい話が転がっているのだろう」と思うことはありませんか?

しかし実は、芸人さんのまわりにだけおもしろい話が転がっているわけではありません。彼らは、**普段から「おもしろいこと」に対するアンテナを張っています。**

普通の人なら通りすぎてしまうようなことも、敏感に察知して、「おもしろエピソード」として拾おうと意識しているのです。

まずは、自分が身を置く業界について、情報収集のアンテナを張りましょう。

アンテナを張るには、「紙に書き出す」方法が有効です。たとえば、健康関連の仕事をしているなら、「健康」のほかに、「食品」「運動」「睡眠」「医療」「飲酒」「喫煙」などのキーワードを、手帳やノートに書き出していきます。

アンテナが張られると、日常のあらゆる場面で、必要な情報が目や耳に飛び込んでくるようになります。

たとえば、(今まではスルーしていた)電車内の「安眠枕」の広告に自然と意識が向かう、というようなことが起きてきます。アンテナを張ることによって、意識が変わる、まわりの世界の見え方が変わる、行動が変わる、記憶への定着力が変わる……そんな変化を感じることでしょう。


もちろん、アンテナを活用して得た情報は、ときに直接的に、ときに間接的に、その人の伝え方の支えとなります。芸人さん同様に、場面に応じて、相手に応じて、目的に応じて、いつでも自在に必要な情報を口にできるようになれば免許皆伝です。「情報収集上手」は「伝え方上手」と心得ておきましょう。

たとえば、健康関連の仕事の場合…

キーワードを書き出してアンテナを張る。
はじめは8個くらいでOK

知らないことを放置しない

あわせて、伝え方のスキルを向上させるためには、わからないことをそのまま放置しないことも大切です。

仕事をしていると、たくさんの専門用語や新しい情報とかかわらなくてはいけません。社内・社外を問わず、知らない言葉や情報が耳に飛び込んできた（あるいは目にした）ときには、そのことについて調べるクセをつけましょう。

「よくわからない言葉だけど、まあ、いいや」「自分には関係ない」と放置してしまう人は、情報を集めるのがヘタな人です。せっかくの学びの機会をみすみす逃してしまっていることに気づきましょう。

言うまでもありませんが、自分が知らないことは、人に伝えることもできません。わかりやすく説得力がある伝え方をする人ほど、その内容への理解や考察が深いもの。「知る→調べる→理解する→考察を深める」。このプロセスを踏むことによって、その人の話は、ますます伝わりやすくなっていくのです。

「ネット検索」より「人に聞く」のがベター

インターネット上で検索をかけて調べるスキルも重要ですが、より深い知識を得たいのであれば、その場で人から話を聞くスキルにも磨きをかけましょう。**人から話を聞くことによって、必要な情報を、効率良くインプットできます。**相手が親切な人であれば、関連する重要な情報も、教えてくれるかもしれません。

「知らないこと」は、決して恥ずかしいことではありません。知識をもっている人ほど、いつも謙虚に勉強し続けています。

「よろしければ、○○について教えていただけませんか?」「○○のことを詳しくお聞きしたいです」など、勇気を出して口にしたそのひと言が、あなたを成長させます。

あなたが伝え方上手になりたいのであれば、「知る」ことへの意識を変えることから始めましょう。「知る」ことに終わりはありません。常に知ろうとし続ける姿勢が、伝える能力を、さらには仕事の能力を高める原動力となるでしょう。

Basics of communication

31

最低3個。事前に質問を予想しておく

!

「ちなみに」「たとえば」で
先回りするのもひとつの手

企画が通らないのは、「予測」が足りないから

たとえば、会議で上司に企画を提案したとします。すると上司から、「でも、○○はどうなの？」と質問が返ってきました。

そのとき、あなたは焦って、「それは……えっと、あのー」と、しどろもどろになる。もしくは、固まってしまい、黙りこくる。はたまた、「私も悩んでいまして、どうしたらいいでしょうか？」と逆に質問で返す……など。こんな状況であれば、上司はその企画にＯＫは出せないでしょう。

大事なことは、上司からどんな質問が飛んできてもいいように、あらかじめ「質問や反論に対する答え」を準備しておくことです。**「提案内容」と「質問、反論に対する答え」はセットだと覚えておきましょう。**

少なくとも3個以上、できれば5～10個以上の質問、およびその答えを用意しておくと安心です。

そうすれば、突発的な質問にも、慌てずに答えられるはずです。

真の伝え上手は、疑問や質問への返答はもとより、手厳しい反論や批判に対しても、的確な言葉で返すことができます。その返しに説得力があればあるほど、仕事でも成果を出しやすくなり、また、周囲からも信頼されやすくなります。

アドリブを含む瞬発的な返答力も、伝え方スキルの一部と心得ておきましょう。

また、相手から質問される前に、先回りして伝えるという方法もあります。

「ちなみに、～のような疑問があるかと思いますが、その点は○○の準備をしています」「たとえば、～の点についての対応策としては……」というように、**相手が疑問や疑念を持つかもしれない内容について、先に答えてしまう**のです。

先回りして質問をつぶすことによって、相手は安心し、「よし、そこまで考えているなら、やってみようか」と前向きに検討してくれるかもしれません。

万が一、その企画が不採用になったとしても、あなたが綿密にその企画を練り上げた思いは伝わるでしょう。狭い視野にとらわれず、さまざまな角度から分析したり、予測したり、対策を練ったりすることは、その後の仕事にも必ず活きてくるはずです。

先の先まで予測する

■ セットで考えておく

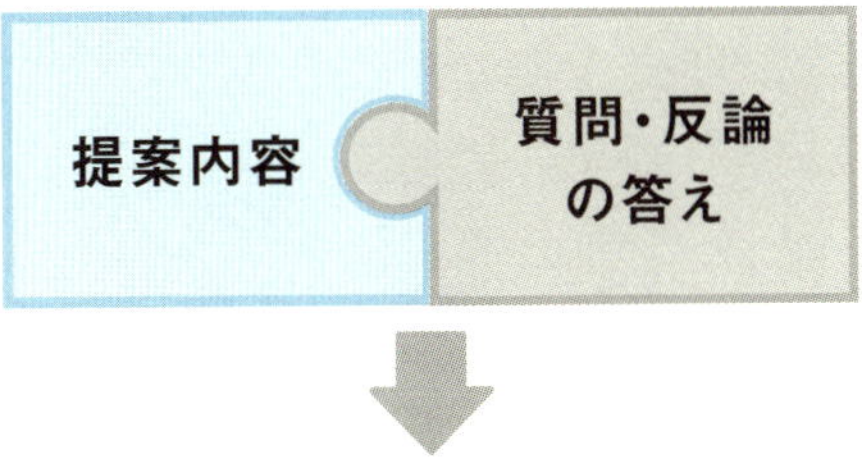

どちらかが欠けていたら不完全

■ 先回りも有効な方法

ちなみに、○○のような疑問があるかと思いますが…

たとえば、○○の対応策としては…

もし、○○のようなことが起こったときには…

質問、反論には先回りが有効!
「そこまで考えているなら!」をねらおう

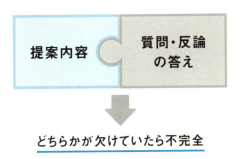

Basics of communication

32

録音・録画でしか気づけない、自分の本当の姿

!

修正をくり返すことで、
伝える力は増す

「え、こんなにヘタなの?」は誰もが通る道

野球選手で、自分の投球フォームや打撃フォームを動画で見たことがない、という人はいないでしょう。なぜなら、自分のフォームを客観視するためには、動画でチェックするしかないからです。

伝え方や話し方でも、この「客観視する作業」がとても重要です。

ぜひ一度、自分の話を録音して聞いてみてください。ICレコーダーでも、スマホのボイスレコーダーでもかまいません。**自分が実際に話している声を聞くことで、クセや改善点がはっきりします。**

ひとりこもって録音するのではなく、できれば、プレゼン、営業トーク、会議など、実際の仕事の現場で録音するのが理想です。おそらく、思い描くイメージとは異なる「本当の自分の姿」に直面することでしょう。「え、こんなにヘタなの?」「ああ、やっぱり聞かなければよかった……」と思うかもしれません。

当たり前ですが、最初から完璧な伝え方ができている人などいません。ところが、自分の声や話し方を聞く方法を取り入れた瞬間から、「伝え方」のスキルは加速度的に磨かれていきます。私も、最初は録音した自分の声を聞いて相当にヘコみましたが、それを乗り越えて今の仕事をしています。

ヘタだと気づいた以上、自分が嫌だと思うクセや話し方を、相手に聞かせ続けるわけにはいきません。録音した声を聞きながら、今まで本書でお伝えしてきた伝え方のポイントを、「できている・できていない」でチェックしていきましょう。

もちろん、録音だけでなく録画も有効です。声や話し方だけでなく、**目線やしぐさ、動き、表情などの視覚的な要素を、あわせてチェックしましょう。**ついしてしまう悪いクセにも、気づけるはずです。

さらに、状況が許せば、聞き手の様子まで撮影しておくことをおすすめします。どこで反応があったか、どのあたりで飽き始めたかなど、有益なデータが手に入ります。伝えベタな人にとって、この生きたデータは宝物になるでしょう。

録音・録画して初めて気づくことがある

Check ✔

- □ 早口になっていないか
- □ 声のトーン(暗い・明るい)は話に合っているか
- □ 「えー」「あー」「まあ」などムダ語はないか
- □ 1文が長くなりすぎていないか
- □ 難しい専門用語は使っていないか

弱点を早く克服するために、
自分の耳と目でしっかりチェック!

Basics of communication

33

「聞いている人が笑顔で拍手」をイメージする

!

「自分はできる!」という自信が、
一番の原動力になる

行動の97%が、潜在意識にコントロールされている!?

うまく話せなかったらどうしよう。上司を怒らせてしまったらどうしよう。聞いている人たちに笑われたらどうしよう……。

伝え方に自信がない人や、あがり症の人ほど、ネガティブな結末をイメージしがちです。だから……うまくいかないのです。なぜなら、**思い浮かべたイメージは、そのまま現実のものになりやすい**からです。

ネガティブなことをイメージすると、それが潜在意識に刷り込まれ、イメージしたほうへ引っ張られます。

好むと好まざるとにかかわらず、私たちの行動は、潜在意識と呼ばれる「自分では意識できない意識」にコントロールされています（一説には、人間の行動の97%が潜在意識にコントロールされているともいわれています）。

伝え方がうまい人たちは、この潜在意識を、ポジティブな方向にうまく活用しています。

たとえば、彼らがよく描いているのは、次のようなイメージです。
・話を聞いている人たちが、笑顔で大きくうなずいてくれる
・話を聞き終えた人たちが、笑顔で大きな拍手を送ってくれる
・その万雷の拍手を受け止めながら、幸せな気持ちをたっぷりと味わう

このようなイメージを頭の中でしたうえで、**「自分はできる！」という自信を感じてみましょう。**すると、物事はいい方向へと引っ張られていくはずです。

これまでのあなたの経験上、自信を持って話したときと、自信なく話したときでは、どちらが相手に伝わりましたか？　同じく、どちらが相手に信用してもらえましたか？　もちろん、どちらも前者ですよね。

この「ポジティブイメージの活用」は、小手先の心理作戦とはわけが違います。スポーツの世界などでも「イメージトレーニング」の中で当たり前のように取り入れられている、効果絶大の方法です。上手に活用すれば、あなたが伝え上手になる速度を何倍にも速めてくれるでしょう。

とにかく良いイメージをする

なんだか自信が湧いてくる！
この気持ちが大事

Basics of communication

34

たまには自分を褒めてあげよう

!

うまくいかなかった…。
でも、うまくいったところもあるはず!

「よくできたところ」をどんどん伸ばしていく

「何が言いたいのか、わからないよ」「もっと、わかりやすく言ってよ」。そんなふうに人に指摘された。準備して臨んだプレゼンで、頭が真っ白になってしまった。聞いている人たちが全然満足していなかった……。

こんな状況に陥ったら、伝えることへの自信を失ってしまうかもしれません。次に話すときに、萎縮してしまうかもしれません。

でも、失敗することは決して悪いことではない、と断言できます。

なぜなら、失敗することで、成功するために必要な「道しるべ」が手に入るからです。**どんなに伝え方がうまい人でも、そこにたどり着くまでに、大小さまざまな失敗をくり返してきているもの**です。もちろん、私もそうです。

きっと、この本を読んでいるあなたのことですから、「もっとこうすればよかった」「ああ言えば、うまく伝わったかな」と、少なからず考えてきたことでしょう。

もちろん、失敗から学ぶことはとても大事ですが、その一方で、「よくできた点」も実はあったはずです。「うまくできたところは、どこかな？」と、ひとつでもいいので見つけて、それができた自分を褒めてあげてください。

人間には「短所克服」と「長所伸展」の両面があります。ダメなところばかりに意識を向けずに、**うまくできたこと（長所）を見つけて、そこをより伸ばしていくことも大事**です。

失敗を楽しもう。失敗を喜ぼう。

これは、私からあなたへのメッセージです。世の中に本当の意味での失敗はありません。失敗とは、うまくいくために必要な勉強の機会にすぎません。そこでしか学べないこともたくさんあります。

失敗したとき、落ち込み、立ち直れないこともあるでしょう。でも、そのつらいときが、もっとも成長しているときです。「伝え上手にまた一歩近づいた！」と気持ちを切り替えて、喜んでみてください。

第6章

「伝える」から「結果を出す」へシフトチェンジ

Basics of communication

Basics of communication

35

勇気を出して「どう思う?」と聞いてみる

!

忌憚のない意見を
言ってくれる人はいますか?

「はっきり言うけど…」は成長のターニングポイント

私には、伝え方が飛躍的に伸びたエピソードがあります。それは、仕事……ではなく、プライベートでのある出来事でした。

今から20年以上前のこと。私は当時の彼女（現在の妻）に緑色の壺をプレゼントしました。そのときのことを、今でも忘れません。

複雑そうな表情を見せた彼女から、こう言われたのです。

「拓ちゃん（↑私のあだ名）とは、これからも付き合っていきたいのではっきり言うけど、プレゼントをくれるなら、私が欲しいものをちょうだい」

私は自分で選んだプレゼントを完全否定されたことに、大変ショックを受けました。

でも、冷静になったときに気づいたのです。自分が「よかれ」と思ってした贈り物も、相手に喜ばれなければ意味がないということに。贈り物といえば、「言葉」もまさに贈り物です。**「よかれ」と思って伝えたことも、相手に喜ばれなければ意味がありません。**もちろん、仕事の成果にもつながりません。

さて、このエピソードの教訓は何でしょうか？
「相手のニーズを満たす重要性」と思った人は、50点です。
実はもうひとつ重要な教訓が含まれています。
何だと思いますか？
それは、**「忌憚のないフィードバックをもらうことの重要性」**です。

私が今でも妻に感謝しているのは、私の「至らなさ」を指摘してくれたことです。
もし、妻が私に遠慮して緑色の壺を〝喜んで〟受け取っていたとしたら、私の「伝え方のスキル」が伸びることはなかったでしょう。何かを伝えるときに、相手のニーズを満たそうと考えることもしなかったでしょうし、もしかすると、今でも妻に、赤や黄色やオレンジの壺を贈っていたかもしれません（笑）。

裸の王様にならないために

伝え方のスキルが伸びない原因のひとつは、はっきりしています。

それは、人から指摘を受ける機会がないことです。指摘されなければ、その「至らなさ」に気づくことはありません（言うまでもなく、その先の改善も見込めません）。

ですから、指摘してくれる人の声を大事にしてください。「うるさい！」「ほっとけ！」と思わずに、まずはその指摘を受け止めて、十分に吟味してください。そのうえで、その指摘が妥当かどうか判断すればいいのです。

とはいえ、**社会に出たあなたに、伝え方の至らなさを指摘してくれる人はそうはいないはず**です。だから、あなたから勇気を出して「正直な意見を教えて」「率直な感想を聞かせて」と伝えてみてください。伝える相手は、忌憚のない意見（本音）を言ってくれる人がいいでしょう。

その適任者は社内の人とは限りません。場合によっては社外の人、あるいは友人や家族かもしれません。

厳しい意見というのは、ときに耳が痛いものですが、その裏返しは「貴重な宝物」です。その宝物を研磨剤に、伝え方のスキルを磨いていきましょう。

Basics of communication

36

実はみんなやっていない「ゴール設定」

!

相手はどんな反応をする?
イメージは、リアルであればあるほどいい

企画採用率9割超えの秘訣

伝え方を仕事の成果につなげるために、私が必ずしていることがあります。

それは、伝える前に「相手の反応を決める」という方法です。


世の中のほとんどの人が、伝えるときに、相手の反応を「相手任せ」にしています。

なかには、自分が伝えることしか考えていない人もいます。

しかし、それでは、仕事で結果を出すことはできません。

なぜなら、「相手の反応＝ゴール設定」だからです。**伝え手は、伝える前に、相手にしてもらいたい理想的な反応を決めなければいけません。**


以前の私は、いくら企画を出しても、まったく採用されない時期がありました。

その頃の私は「採用されたらラッキーだな」くらいの考え方でいたのです。

しかし、ある頃、「相手の反応を決める」という方法を実践し始めてからは、企画の採用率が格段にアップしました。今では9割以上の採用率を誇っています。

企画だけではありません。会話・文章を問わず、人に何かを伝えるとき、私は必ず相手の反応を決めるようになりました。

するとどうでしょう。たくさんの仕事で結果が出るようになったのです。

・取引先の方が興奮気味に「その仕事、ぜひうちでやらせてください！」と言う
・上司が「すばらしい分析じゃないか！　君に任せて正解だった」と褒めてくれる
・見込み客が嬉々として「ぜひ一度お会いしましょう」と返事をくれる
・お客様が「へえ～、それは便利だね。ひとつください」と商品を購入する
・同僚が「よくわかった。オレに手伝わせてくれ」と協力を快諾する
・イベントの案内を受けた人が「楽しそうですね！」とその場で参加表明する

おもしろいもので、**決めた反応がリアルであればあるほど、その反応どおりの現実が引き寄せられます。**

人の脳は賢いので、明確な目標を設定すると、おのずと目標達成に向かうようにできています。このシステムを「脳幹網様体《のうかんもうようたい》賦《ふ》活系《かっけい》」といいます。相手の「反応を決め

る」ことは、この「脳幹網様体賦活系」を活用することにほかなりません。

相手の反応を決めた瞬間から、「その反応を得るためにはどうすればいいか？」と、脳がその答えを考え始めます。伝える内容はもとより、伝える順番、言葉の選び方、表現方法など、伝え方の質を上げるための具体策を講じるようになります。

ビジネスシーンで何かを伝えるときに「相手の反応なんてどうでもいい」という場面は存在しません。そこには必ず目的があります。その目的へ突き進む手段として「相手の反応を決める」という方法は最強なのです。

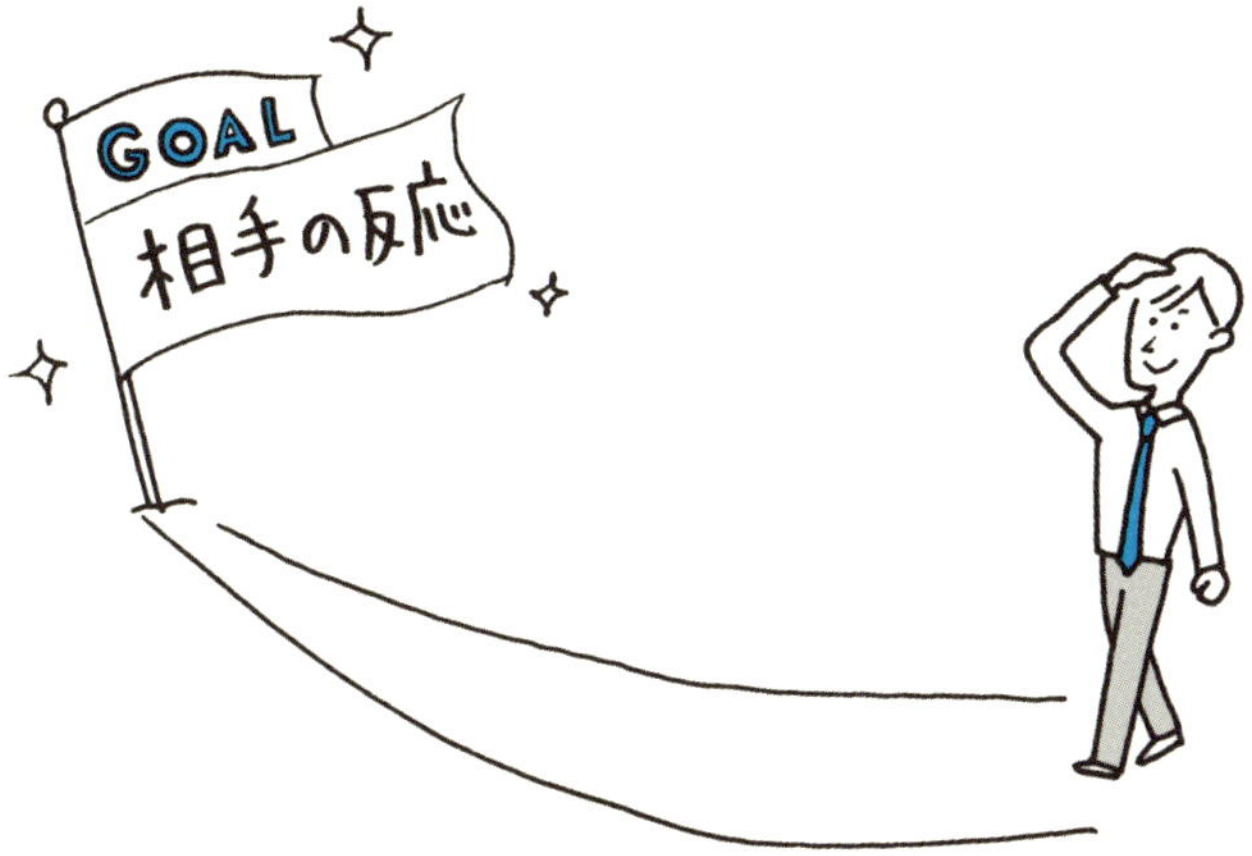

Basics of communication

37

「バイタリティ」を別の言葉で言い換えるなら？

!

言葉の引き出しが増えると、
表現に奥行きが出る

難しい言葉はとことん噛み砕く

言葉というのは、お互いの共通理解のもとに成り立っています。

たとえば、5歳の子どもに「バイタリティがあるね」と言っても、おそらくポカーンとされるはずです。なぜなら、「バイタリティ」という言葉を、ほとんどの子どもは知らないからです。この場合、「元気があるね」のほうが伝わります。

相手が理解できる言葉を使う。

伝えるうえで基本中の基本ですが、なかなかこの視点に立てる人は少ないものです。業界の専門用語やビジネス用語、難しいカタカナ語はとくに気をつけましょう。どんなに優れた話や文章でも、使われている言葉の意味を相手が知らなければ、単なる自己満足にすぎません。**ストレスなく意味を理解できるかどうかは、聞き手の満足度にも大きく影響します。**

相手にしてみれば、「不親切」「迷惑」の大元です。

難しそうな言葉は、ほかの言葉に置き換えられないか、相手の立場になって考える必要があります。

もちろん、すべての専門用語やビジネス用語が「悪者」ということではありません。たとえば、社員同士や専門家同士であれば、そうした言葉を使うことによって、迅速にコミュニケーションを図ることもできるでしょう。

ここで求められるのは、「TPO」です。TPOとは、「Time（時間）、Place（場所）、Occasion（場合）」の頭文字をとった言葉で、「時と場所、場合に応じた方法・態度・服装などの使い分け」を意味します。

医師であれば、医師同士で話をするときと、患者さんと話をするときでは、使う言葉や説明のレベルを変えますよね。それと同じように、**相手に合わせて、その場に合わせて、言葉を切り替えるスイッチを持ちましょう。**

いつでも、相手の「立場」「知識レベル」「理解レベル」などに配慮しながら、適切な言葉を選ぶことが、ワンランク上の人がなすワザです。

伝わりにくいかも？ と感じたら…

×　○○協会から、**オーソライズ** を受けた商品です。

難しいビジネス用語は
言い換える

○　○○協会から、**公認** を受けた商品です。

×　**PV** アップが、期待できます。

専門用語には
補足を加える

○　**PV、つまり、ページビュー** アップが期待できます。

ページビューとは、ウェブサイト内の特定のページが

開かれた回数のことを言います。

相手に合わせて
「言い換え」「補足」をしよう

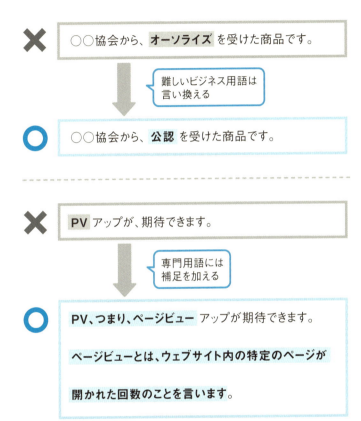

専門誌にはたくさんのヒントが詰まっている

あわせて、言葉と表現のバリエーションを増やすことも重要です。

「カッコいいデザインですね」

「おもしろいイベントがあります」

「あの企画はすばらしいです」

これらの「カッコいい」「おもしろい」「すばらしい」は、とても抽象的な表現です。内容が伝わらないわけではありませんが、真意（本意）が伝わっていない恐れがあります。

たとえば、「カッコいい」を深掘りした場合、「華やか」「シック」「ポップ」「キュート」「モダン」など、別の言葉に置き換えることができます。

「花柄の色味がはっきりして華やかな印象ですね」「白と黒を基調にしたシックでモダンなデザインです」のように、具体的な言葉を使えば、同じイメージを相手と共有することができるでしょう。

言葉と表現の引き出しを多く持っていると、断然相手に伝わりやすくなります。

もちろん、ただ、やみくもに言葉と表現のバリエーションを増やしても意味がありません。

まずは、「使える」単語や表現を増やすことが大事です。

そこで、おすすめしたい方法のひとつが、語彙力を強化したい分野の専門誌や書籍を読むことです。専門誌や専門書籍は、表現力に長けた著者やライター、編集者が、さまざまな言葉や言い回しを駆使して書いています。素人がノリで書いたインターネット上の文章とは一線を画し、言葉の一つひとつ、表現の一つひとつが、磨き上げられています。

読んでいて**「これはわかりやすい」「これは的確だ」「これは上手だ」という言葉や表現を見つけたときは、感心するだけではなく、メモをして、積極的に自分でも使ってみましょう。**すると、あなたの話に広がりと奥行きが生まれ、よりわかりやすく魅力的な内容になるはずです。

Basics of communication

38

印象に残らないのは圧倒的な熱量不足

!

どれだけ本気なのか
すぐにバレる

聞き手は、内容よりも熱量に敏感!?

「スピーチは3日も経てば、話の90％は忘れてしまう。聞き手が覚えているのはスピーチしている人の態度や迫力だけだ」

これは、ある大手企業の元CEOの方の言葉です。

「態度や迫力」という、言うなれば「情熱や愛」が、とても大事な要素になるのだと、私は感じています。

①話の内容に「情熱」を注ぐこと
②話す相手に「愛」を注ぐこと

このふたつは、「伝える」ときに、私が大事にしているポイントです。

たとえば、保険の営業マンだったとします。

あなたが心の底から、「この保険の良さを伝えたい！」と情熱を感じていなければ、伝えるときのエネルギーは下がるでしょう。

同じように、伝える相手に対し、「この人を助けたい」「この人のためになりたい」という「愛」を注げていなかったら、大事な内容は伝わらないでしょう。

そのふたつがなく、低いエネルギーのまま、保険の説明をしても、相手の心には何も残りません。話の内容がどんなにすばらしくても、前述の言葉のとおり、「態度」や「迫力」が印象に残らないからです。

一方で、**「情熱」と「愛」を持って伝えたら、あなたのその高いエネルギーは、必ずや「態度」や「迫力」に表れて、相手の心を揺さぶり、記憶・印象に残るでしょう。**

もしも、伝えている今この瞬間を「楽しくない」と感じるとしたら、「情熱」と「愛」がない、あるいは、不足しているのかもしれません。自分が楽しく伝えられているかどうかを、「情熱」と「愛」を測るバロメーターにしてみてください。

伝え方のコツをマスターしたにもかかわらず、あなたの言葉が伝わっていないとしたら、その原因は、あなたを包むエネルギーが低下しているからかもしれません。

だとしたら、あなたが心がけるべきは、自分のエネルギーを高めること。その1点です。その高まりに比例して、あなたの言葉は伝わりやすくなるはずです。

見えない気持ち、でも相手には伝わる

相手は心を感じ取る。
チグハグな言動は、必ず見透かされる

Basics of communication

39

「自分磨き」は「伝え方磨き」

!

一歩先のデキる自分に
近づくために

「日記をつけるといいよ」と上司に言われたらどうする？

「人間的に成長したいなら、毎日、日記をつけるといいよ」

もしも、あなたが、この言葉を、嫌いな上司から言われたとしたらどうでしょうか。「何言ってんだよ！　日記なんてつけるもんか」と心の中で反発するのではないでしょうか。

一方で、同じ言葉を、あなたが尊敬する上司から言われたらどうでしょう。「○○さんがそう言うなら、やってみようかな」と素直に思うのではないでしょうか。おもしろいもので、**同じ言葉でも、誰が言うかによって受け取り方は変わる**のです。

信頼していない相手や、嫌いな相手から何か言われたとき、心を開きにくい、言葉を受け入れにくいという現象が起こります。

反対に、信頼している相手や、尊敬している相手から何か言われたときは、心を開きやすく、言葉を受け入れやすくなります。

立場を変えて考えてみましょう。

たとえば、あなたが相手から不信を買われていたり、毛嫌いされていたりすれば、あなたの言葉が受け入れられる率は下がります。伝え方うんぬん以前の問題として、自分と相手の間にある「心理的な壁」の大小が、伝え方に影響を与えているのです。

それゆえ、私たちは、**伝え方のスキルを磨くと同時に、自分自身の「人間力」を高めていかなければいけない**のです。

この人は信用するに足る。周囲からそう思われていると、伝え方が多少ぎこちなくても、あなたの言葉は伝わりやすくなります。

これが「人間力」が高い状態です。「人間力」は「信用の貯金」にほかなりません。

「意欲的に仕事をする」「何事も誠実に対応する」「愛を持って人と接する」「人の話をよく聞く」「人のために行動する」「人に興味・関心を持つ」「しっかり挨拶をする」「心をオープンにする」「謙虚さを忘れない」といったことを、日頃からしていれば、あなたの「信用の貯金」はどんどん貯まり、人間力も高まっていきます。

人間力の高まりは、あなたに「幸福度アップ」というご褒美をくれるでしょう。

どちらの人の話を信用する?

伝え方のスキルを磨くと同時に、
「人間力」も高めていこう!

Basics of communication

40

「あなたらしさ」が最大の武器になる

!

「考え」「感情」「人間性」は
あなたの魅力の源

スキル同様、個性も大事な要素のひとつ

さて、いよいよ本書も最後の項目になりました。

「伝え方」をテーマに、これまでたくさんの考え方やコツをお伝えしてきました。いずれの項目も、あなたの「伝えるスキル」の向上に役立つものだと自負しています。

一方で、あなたに、どうしても忘れてもらいたくないことがひとつあります。

それは「あなたらしさ」です。

ここまでお伝えしてきたスキルは、決して、あなたから個性を奪うためのものではありません。そうではなく、あなたの個性、つまり「あなたらしさ」をより光らせるための武器として、お渡ししたものです。

あなたの**「考え」「感情」「人間性」は、大事にしてください。**

この世にあなたと同じ人間はひとりとしていません。あなたが生まれてからここまでの道のりで、同じ経験をした人もひとりもいません。つまり、あなたは、この世で

たったひとり、唯一無二の存在なのです。その個性こそが、すべての伝え方のベースになっています。

ですから、あなたの考えと違うことを言う必要はありません。あなたの感情に嘘をつく必要はありません。あなたの人間性を変える必要はありません。

大事なことは**「あなたらしさ＋伝える技術」のコンビネーション**です。

理想は、あなたの嘘のない言葉が、相手にスムーズに伝わるようになることです。決して、自分の思いとは違うことを、きれいな枠にはめて、きれいな言葉で伝えようなどと思わないでください。

あなたが、あなた自身の価値に気づき、ありのままを受け入れたとき、あなたの伝える力は飛躍的に高まるでしょう。

あとは本書で学んだ考え方とコツを実践に移せばＯＫ。あなたの言葉は、聞きやすくわかりやすいものへと変化を遂げるでしょう。

大切なのはこれから先です。学びを学びで終わらせず、実践していきましょう。

ふたつがそろうと最強！

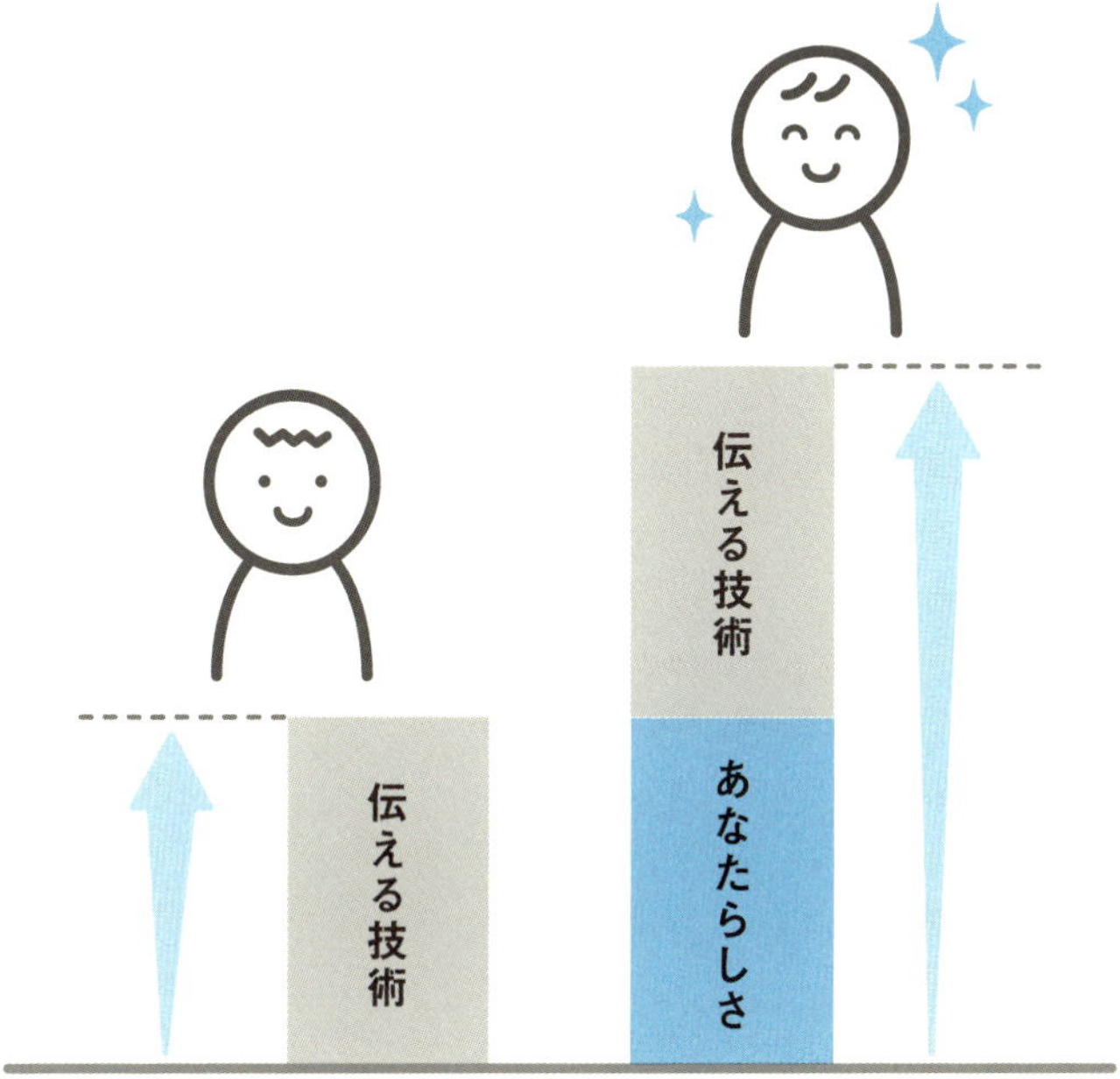

これぞ究極の伝え方。
あなたの言葉はさらに伝わる！

おわりに

この本を読み終えたあなたが、今、誰かに何かを伝えたくてうずうずしているようなら、著者としてこれほど嬉しいことはありません。

本の中でもお伝えしましたが、**伝え方は何かひとつの秀でたスキルではなく、細かいスキルの積み重ね、合わせ技です。**

本書では、それらのスキルを余すことなくお伝えしました。

一気に全部やろうとする必要はありません。「千里の道も一歩から」です。できそうなところから、少しずつトライしてみてください。

仕事の現場だけではなく、日頃プライベートでの伝え方から意識を変えれば、伝え方のスキルはより磨かれていきます。ぜひ、いろいろな場面で、ここでのお話を思い出して、実践に移してみてください。

私には、以前より自信をつけたあなたの姿が見えます。

うまく話せず落ち込んでいたあなたから、ひと回りもふた回りも成長したあなたの素敵な笑顔が見えます。

だから、自信を持って、臆することなく、相手に伝えてみてください。

「伝え上手」になったあなたの人生は、これから大きく変化するはずです。

きっと、今まで見たことのない自分や世界に出会うことでしょう。

たった「伝え方」を見直すだけで、こんなにも変わるんだ！と驚くかもしれません。

それほど「伝え方」は、大きな力を持っているのです。

ぜひ、そのことを実感してください。

最後に、本書の執筆にかかわってくださった関係者の皆様、本当にありがとうございました。

また、いつも温かいサポートをしてくれる妻の朋子と娘の桃果にも、「ありがとう」を言わせてください。

そして、この本を読んでくれたあなた。この本をきっかけに、あなたの人生が大きく飛躍することを、心からお祈りしております。

２０１９年１月吉日　山口　拓朗

伝え上手になりたいあなたへ

無料プレゼントのご案内

本書をご購入いただきました読者の皆さまへ、
著者の山口拓朗より、感謝の気持ちを込めて
無料プレゼントを用意いたしました。
ぜひご活用くださいませ。

特典 『伝え方のキホン』特別音声セミナー

本書のポイントと、本には書ききれなかった内容を、
音声でお伝えします。

詳細は下記URLからアクセスください。

https://bit.ly/2UNGFnl

※特典の配布は予告なく終了することがございます。予めご了承ください。
※音声はインターネット上のみでの配信となります。予めご了承ください。
※このプレゼントは山口拓朗が取締役を務める株式会社アップリンクスが実施しています。プレゼントに関するお問い合わせは yama_tak@plala.to までお願いします。

〈著者紹介〉

山口拓朗（やまぐち・たくろう）

◇－伝える力【話す・書く】研究所所長。出版社で編集者・記者を務めたのち、2002年に独立。22年間で3000件以上の取材・執筆歴を誇る。
◇－現在は執筆活動に加え、講演や研修を通じて「好意と信頼を獲得する伝え方の技術」「論理的な伝え方・書き方」「伝わる文章の書き方」等の実践的ノウハウを提供。会員数200万人の中国企業「行動派」に招聘され、北京ほか5都市で「Super Writer 養成講座」も定期開催中。
◇－著書に、『伝わる文章が「速く」「思い通り」に書ける87の法則』（明日香出版社）、『「また会いたい」と思われる！会話がはずむコツ』（知的生き方文庫）ほか10冊以上。伝え方の本質をとらえたノウハウは言語の壁を超えて高く評価されており、中国、台湾、韓国など海外でも翻訳されている。
山口拓朗公式サイト
http://yamaguchi-takuro.com

会社では教えてもらえない　ムダゼロ・ミスゼロの人の伝え方のキホン

2019年1月29日　第1刷発行
2023年5月21日　第3刷発行

著　者——山口拓朗
発行者——徳留慶太郎
発行所——株式会社すばる舎
東京都豊島区東池袋3-9-7 東池袋織本ビル　〒170-0013
TEL　03-3981-8651（代表）　03-3981-0767（営業部）
振替　00140-7-116563
http://www.subarusya.jp/
印　刷——株式会社シナノ

落丁・乱丁本はお取り替えいたします

ISBN978-4-7991-0781-2